維新の悪人たち

「明治維新」は「フリーメイソン革命」だ！

Funase Shunsuke 船瀬俊介

共栄書房

まえがき

（＊本書はフリーメイソンの略称メイソンを一部用いています）

●「明治維新《いしん》」は「フリーメイソン革命」

本書の主題《モチーフ》は、次のとおり。

――「明治維新」は「メイソン革命」だった――

メイソンとは国際的秘密結社フリーメイソンおよび構成員の略称である。
はじめて眼にする読者には、なんのことやら分らないだろう。
なぜなら、現代社会においても、その名を口にすることは、絶対タブーだからだ。
マスコミ、学界などで、この名は禁句である。
一言でも、口にすれば、たちどころに〝陰謀論者〟のレッテルを張られて排除《はいじょ》される。
永久に追放される。
なぜか……？

マスメディアも、アカデミズムも、〝かれら〟に完全支配されているからだ。

〝闇の支配者〟たちは、その名を口にすることを、絶対に許さない。

現代の闇は、中世の暗黒よりも、さらに奥深い……。

本書は、その漆黒の闇に、一条の光を当てようとするものだ。

●パイクの三つの大戦の〝予告〟

一八七一年、フリーメイソンの〝黒い教皇〟アルバート・パイク（一八〇九〜九一年、左写真）は、これから起こるであろう第一次、二次、三次世界大戦を〝予言〟している。

それは、当時、イタリアのメイソン首領マッツィーニへの秘密書簡に記載《きさい》されていた。

「……これから起こる三つの大戦は、メイソンの計画の一環としてプログラミングされたものである」（同書簡）

そして、歴史は〝教皇〟の〝予言〟通りに起っていったのである。

第一次大戦は、一九一四年六月二八日、オーストリア（ハンガリー帝国）皇太子夫妻がサラエボを視察中に、セルビア人青年によって暗殺された事件をきっかけに勃発《ぼっぱつ》している。

じつは、この事件はフリーメイソンによって引き起こされたものだった。

その後のサラエボ裁判で、暗殺者一味が「自分たちはメイソンである」ことを自白している。

そして、「暗殺計画」はセルビアのフリーメイソン組織によってつくられたことまで証言している。こうして、パイクの〝予言〟は実行に移《うつ》された。

第二次大戦もパイクはこう〝予言〟している。

「ファッシスト、そして政治的シオニストとの対立を利用して引き起こされる」

シオニストとはパレスチナ地方にユダヤ人国家を建設しようとする人々を指す。

「この戦争でファッシズムは崩壊《ほうかい》するが、政治的シオニストは増強し、パレスチナにイスラエル国家が建設される」

写真　黒い教皇アルバート・パイク

その〝予言〟どおり、一九四八年、パレスチナにユダヤ人の国家イスラエルが誕生する。
第三次大戦も「(中東で)シオニスト(イスラエル)とアラブ人との間にイルミナティ(フリーメイソンの中枢を支配する秘密組織)のエージェントによって引き起こされる」と予言している。さらに、こう続ける。
「それによって紛争《ふんそう》が世界的に拡大し大衆はキリスト教に幻滅《げんめつ》、ルシファー(堕天使《だてんし》)に心酔するようになる」(パイク書簡)
恐ろしいほどの〝予言〟ではないか！

こうなると、これはまさに〝予告〟そのものである。

●「革命」「戦争」は最高ビジネス

この秘密結社は、世界大戦まで、自在に「計画」し、「実行」に移すことができる。

まず、この驚愕《きょうがく》事実に、気づいていただきたい。

なら……、大戦と大戦の狭間《はざま》にある革命や戦争も自由自在ということだ。

私は「パイクの予告」というマクロから、「明治維新」というミクロ革命を捉《とら》える。

「明治維新」は、日本の近代「革命」である。

なら、この「革命」もメイソンによって「計画」され「実行」に移された……。

これが、本書の結論である。

この秘密結社は、三つの大戦を引き起すほどの、底知れぬ巨大な力を秘めている。

ならば、その間でも、様々な革命や戦争を「計画」してきたことは、まちがいない。

さて——。

フリーメイソンとは何か？　それは本文で詳述《しょうじゅつ》する。

ポイントは、〝かれら〟の多くは金融業者であり武器商人であることだ。

「革命」や「戦争」が起こる。すると、当事者は軍備調達のため、まず金融業者から資金を借りる。ここで金融業は大いに儲かる。つぎに、その資金で大量の兵器を調達する。

すると、今度は兵器産業が大いに潤《うるお》う。

〝かれら〟は金融と兵器で二重に巨利を上げることができる。

このように「革命」や「戦争」はフリーメイソンにとって、最大のビジネスチャンスなのだ。

だから、〝かれら〟は常に世界各地で「革命」や「戦争」を仕掛け続ける。

それは、現在、このときも変わらない。

●中古兵器使い回しでボロ儲け

「明治維新」前後の国際情勢に注目していただきたい。

……「アヘン戦争」（一八四〇～四二年）――「南北戦争」（一八六一～六五年）――「明治維新」（一八六八年）……。

じつに、見事にプログラミング（計画）されているように見える。

その後、「アヘン戦争」はフリーメイソンが支配する貿易会社マセソン商会が英国議会に強力な圧力をかけ、強引に勃発させたものであることが判明している。

「南北戦争」も、メイソンが約二〇年も前にパリで極秘会議を開き「アメリカで内戦を起す」ことを決定。その〝工作員〟として選抜されたのが、あのアルバート・パイクだった。

計画どおりにパイクは南軍大将におさまり、砲火《ほうか》と戦闘でアメリカの大地を血に染めて、予定どおり降伏した。敗軍の将でありながら、一切の戦争責任を問われることもなかった。

それも、当然である。すでに、国際秘密結社の〝黒い教皇〟の地位におさまっていたからだ。

メイソンが次に「計画」したのが、「明治維新」である。

「金融」と「兵器」に着目して欲しい。

「アヘン戦争」――「南北戦争」――「明治維新」……と絶妙の配置である。

戦争があるたび兵器調達の資金貸付で金融は潤《うるお》う。つぎに武器売却で軍事も潤《うるお》う。

とくに着目すべきは、中古兵器の使い回しだ。

●中古ライフルと新式ライフル

たとえば、「南北戦争」が終結したとき、南軍・北軍の双方武装解除で約九〇万挺《ちょう》ものライフルが払い下げられた。

これら兵器は二束三文《にそくさんもん》、タダ同然である。これをフランス側メイソンの〝死の商人〟たちは幕末の徳川幕府側に高く売り付けた。まさに、濡《ぬ》れ手に粟《あわ》の暴利である。

他方、イギリス側メイソンは、最新式ライフルを倒幕派に売り付けた。こちらは命中精度なども高性能で、射程距離も長い。つまり、メイソンは二股作戦で政府軍、革命軍ともに兵器を売り付けながら、片方の革命軍（倒幕派）が勝利するように、密かな仕掛けを施《ほどこ》したのだ。

メイソン中枢《ちゅうすう》にはユダヤ資本家が巣《す》くっているが、まさにユダヤ商法の狡猾《こうかつ》さである。

●暗躍した青い眼の諜報員たち

これら、遠大かつ緻密《ちみつ》な謀略を成功に導くには、諜報員《ちょうほういん》（スパイ）の存在が不可欠だ。

彼らは二重の密命を帯びていた。

本国政府の諜報活動と、さらに、その奥のフリーメイソンとしてのスパイ活動だ。

極東の島国ニッポンは〝かれら〟の眼から見れば、やはり、〝黄金の国〟だった。

巧く育てて、巧く利益を吸い上げる……。

だから、この列島に上陸した青い眼の連中は、ほとんどが、その密命を帯びていた。

横浜や長崎の外人墓地には、コンパスと定規のメイソンマーク入りの墓石がゴロゴロある。

まさに、幕末から明治にかけて来日した外国人はメイソンだらけだったのだ。

本書には、その主だった顔触れが登場する。

グラバー、サトウ、フルベッキ……などなど。

彼らの紳士然《しんしぜん》とした物腰の裏側を読みといていただきたい。

●「孝明天皇暗殺」「明治天皇すりかえ」

さらに――

本書は、近代日本二大スキャンダルについても触れた。

それは、「伊藤博文による孝明《こうめい》天皇暗殺」と「明治天皇すりかえ事件」である。

初めて聞く人は仰天絶句《ぎょうてんぜっく》で、本書を思わず閉じたくなるにちがいない。

しかし、物証、証言は確定的だ。

真実から眼を逸《そ》らすものは、時代から取り残される。

見ざる、聞かざるで、目を閉じるのも耳をふさぐのも、やめて欲しい。

国民大衆が、恐れて目を閉じ、耳をふさいだとき、その先に待つのは、恐ろしい悲劇であり、惨劇《さんげき》である。それを、われわれは、先の大戦で学んだはずだ。

勇気をふりしぼり、目を開き、耳をそばだて、言うべきことを言って、生き続けてほしい。


……さあまずは、最初のページを繰《く》ってください!

維新の悪人たち――「明治維新」は「フリーメイソン革命」だ！◆目次

第8章 誰が龍馬を殺させた？ 幕末最大ミステリー ……251

——諸説紛々、暗殺犯はいずこに……

第9章 日本を裏から操る「田布施システム」とは何か？ ……276

——長州こそは、今も昔も、メイソンの巣窟……

第1章　フリーメイソンは、もはや〝秘密〟ではない

――「戦争」と「革命」を起こしてきた〝奴等《やつら》〟

真の権力者たちは、〝闇〟に潜んでいた

●知的冒険《ぼうけん》を楽しんで欲しい

フリーメイソン……と聞いても、首をかしげる人がほとんどだろう。

「たしか、秘密結社といわれてるんでしょ」

「『やりすぎ都市伝説』でやってたネ」

おおかた、このていどの反応だろう。それも、無理もない。

学校でも習わなかった。テレビも、新聞も、フリーメイソンの〝フ〟の字もいわない。

例外は、テレビ東京の『やりすぎ都市伝説』くらいか。それも、バラエティ番組だ。視聴者は、お笑いの一環《いっかん》として見て、笑っているにすぎない。そのフリーメイソンなる組織が、実は、人類の歴史を陰から動かしてきた……といっても、「またまた……（笑）」と苦笑《にがわら》いされ、たし

なめられるのがオチだろう。

私も、苦笑いでため息をつくしかない。

本書を読み始めたあなた。まずは、頭の中身を、いちどリセットしてほしい。

これからお話することは、お笑いでも、都市伝説でもない。

まじめな歴史的事実を探求する話なのだ。

ただし、肩の力をまず抜いて欲しい。

虚心坦懐《きょしんたんかい》で、リラックスして、知的エンターテイメントを楽しむくらいの気持ちでページをめくってくれればありがたい。

半信半疑……当然である。まさか！　ありえねぇ！　と舌打ち、苦笑いしながらでも結構《けっこう》。

冷やかし気分、やじ馬根性でもよろしい。

まずは、血湧《ちわ》き肉躍《にくおど》る（？）知の冒険を、楽しんでもらいたい。

●歴史とは権力が捏造《ねつぞう》した物語

歴史（ヒストリー）とは、なにか？

〝history《ヒストリー》〟の語源は、〝his《ヒズ》 story《ストーリー》〟なのだ。

〝彼の物語〟――。彼とは何者だ？　それは、権力者である。

〝歴史〟とは、権力を握った者が、自分に都合よくでっちあげた物語なのである。

権力者とは、歴史を捏造《ねつぞう》する特権を与えられた人々ということになる。

真の権力者とは、真に歴史を作ってきた連中なのだ。

〝かれら〟は、自らに都合のよいことは、きらびやかに書き記《しる》す。そして、都合の悪いことは、一言も触れない。徹底的に隠蔽《いんぺい》する。これこそが、歴史の真実である。

彼らは真実ほど記録に残さない。そして、不実は記録に残す。だから、文献第一主義は危うい。「文献があるから真実」とはいえない。「文献がないから虚偽」ともいえないのだ。

歴史の探求は行間を読み、紙背《しはい》に徹する眼力で、裏の裏を読み解くしかない。

では――。真に歴史を作ってきた連中とは、何者なのか？

それが、これから記《しる》す秘密結社フリーメイソンなのである。

●文庫本『秘密結社の謎』のすすめ

よく、表があれば裏がある、という。

これこそ、森羅万象《しんらばんしょう》、世事万端《せじばんたん》の真理である。

歴史も同じ。表の歴史があれば、裏の歴史がある。

そして、表の〝歴史〟は、〝ヒズ・ストーリー〟だから、歴史を真に動かしてきた連中により、歪められている。裏の歴史こそ真実である。そして、それは、徹底的に隠蔽されている。

それを、できうるかぎり本書では、掘り起こし暴《あば》いていく。

本書のサブ・タイトルは――「『明治維新』は『フリーメイソン革命』だ！」。

それを、立証するためには、まずフリーメイソンなる秘密結社の実態に肉迫する必要がある。

それこそ、俗にいう「陰謀史観」の根幹《こんかん》をなすテーマである。

世上《せじょう》、巷間《こうかん》を渉猟《しょうりょう》しても、フリーメイソン関連の文献は案外多い。

どれも大部の研究書、告発書の類いが多く、初心者にとっては、気勢《きせい》をそがれる。

そこで、おすすめの一冊を紹介しよう。

『「秘密結社」の謎』（並木伸一郎著、三笠書房）。

惹句《じゃっく》が「眠れないほど面白い」。副題は「フリーメイソン、ＫＫＫ、イルミナティ……知れば知るほど、〝衝撃〟が走る！」とある。

著者は、フリーメイソン研究では知る人ぞ知る、第一人者だ。

この本は「王様文庫」という文庫判で、私の手元にあるのは値段がなんと五九〇円（税別）。文庫本なのでポケットに入る。世にいう、ほとんどの秘密結社を網羅《もうら》して簡潔《かんけつ》に解説しており、入門書としてうってつけだ。

私は、講演会などで「私の本よりまずこれを読め！」と、高く掲げて推奨《すいしょう》してきた。

その甲斐《かい》もあって（？）か、隠れたベストセラーとなっている。

起源はＢＣ三〇〇〇年頃の古代エジプトから？

●文明と共に誕生した秘密結社

さて――。

読者諸兄《しょけい》は、本書タイトルや帯コピーに半信半疑、うさん臭さを感じながら手にとった方もおられるだろう。それも道理で、フリーメイソンなる言葉は、歴史教科書に一字一句登場してこなかったし、新聞、テレビでも皆無《かいむ》といってよい。

しかし、いつの時代も真の権力者は、みずからの存在を隠すものだ。

〝闇〟から支配する――これが、真の支配の要諦《ようてい》である。

〝かれら〟は支配する大衆が、〝かれら〟の名を口にすることを許さない。

〝かれら〟はこうして〝闇の支配者〟として、今日まで君臨してきたのだ。

「『秘密結社』――このいわくありげな響きに心そそられる人は多いだろう。そのルーツは、紀元前三〇〇〇年頃の古代エジプトに端を発する古代シリウス信仰にまで、さかのぼるといわれている」（並木伸一郎氏）

今から、約五〇〇〇年も彼方《かなた》の話である。

気が遠くなる。

秘密結社は人類文明の曙《あけぼの》とともに誕生したのである。

「このとき、〝かれら〟が会得した叡智《えいち》や秘儀は、やがて中世のヨーロッパに出現したテンプル騎士団やフリーメイソンを通じ、さまざまな秘密結社に継承されていったのである」(同)

つまり、陰謀史観の主人公フリーメイソンの淵源《えんげん》は、古代から連綿として、現代にまで太い命脈を維持、拡大、拡散してきたのだ。

●フリーメイソンとイルミナティ

「このフリーメイソンは、世界中に広まって『巨大団体＝秘密結社』に成長し、同じく謎めいた秘密結社であるイルミナティとも深いところでつながっている。漏《も》れ伝わる情報では、あのイルミナティが核となって、世界中に暗躍する秘密結社との強固なネットワークをつくり、さまざまな陰謀を行っている、という」(『「秘密結社」の謎』前出)

並木氏は、ひかえめな表現を使っているが、これらはすべて真実である。

「……たとえば、世界各地での金融経済破綻、テロと大量殺人の陰に潜むマインドコントロール……陰謀論者の間では、これらはすべて彼ら秘密結社が仕組んだもの、と当たり前のように信じられている。そして、また〝かれら〟は、世界の二大財閥、ロックフェラーとロスチャイルドとも手を組み、世界を裏から、そして陰から、さらには宇宙開発まで意のままに操っているというのである」(同)

石工《いしく》組合が、なぜ国際秘密結社に変貌したのか？

●もっとも有力な石工組合紀元説

フリーメイソンの起源については、研究者の間でも諸説ある。もっとも、説得力のある解釈が「石工組合」起源説だ。フリーメイソンは、直訳すれば「自由な石工」という意味だ。つまり、石工職人の職能組合（ギルド）が、その発祥《はっしょう》という。その証拠として、フリーメイソンのシンボル・マークが挙げられる（上図）。

それは、コンパスと定規《じょうぎ》をデザインしたもの。いずれも、石工職人には、不可欠な道具だ。さらに、中央に「G」の文字。これは、英語の「幾何学《きかがく》」（Geometry）の頭文字と言われる。この「学問」も石工には、絶対不可欠。その他、神（God）を表す、という説もある。

さらに、石工起源説を裏付けるものとして、メンバーの呼び名がある。

当時から石工の世界では、専門化、階級分けが行われ

図　フリーメイソンのシンボル・マーク

ていた。

フリーメイソンは、それを踏襲している。

身分の最下位となる第一階級を、「エンタード・アプレンティ」(徒弟)とよぶ。第二階級を「フェロー・クラフト」(職人)、第三階級を「マスター」(親方)と呼称も職人世界を反映している。

さらに、これを統括するのが最上位「グランド・マスター」である。

●城郭の秘密、技術のノウハウ

では、どうして単なる職人の石工組合が、巨大な国際的秘密結社に変貌《へんぼう》したのか?

だれでも疑問に思う。その理由は、二つ考えられる。

中世を支配してきたのは王侯貴族《おうこうきぞく》でありキリスト教会である。

前者は、堅牢《けんろう》な城郭《じょうかく》を構え、後者は絢爛《けんらん》な教会を築いた。

いずれも、極めて精緻な建築技術が求められる。さらに、王族のばあい、城郭建築には、防衛上の罠、隠し部屋、秘密の抜穴など、様々な機密《きみつ》の仕掛けが施《ほどこ》されていた。

設計、建築を担当する石工たちは、これら機密情報を全て知り得る立場にあった。

国王としては、城が完成したときに、彼ら職人たちを口封じで抹殺《まっさつ》したかったであろう。

しかし、石工職人たちも、それくらいの身の危険は感じていた。

だから、安全保障の担保《たんぽ》として、設計図の写しを、石工組合に預《あず》けたことは、間違いない。国王が、もしも石工たちを抹殺したなら、それは敵国にもたらされる。つまりは、石工たちは国王の機密を握った故に、優位な立場となったのだ。

もうひとつ。石工たちは、門外秘の最新建築技術を共有していた。

現在なら、これら知的所有権は、特許法で保護される。しかし、中世から近代にかけて、これら建築上のノウハウ、つまり知的財産は、組合内で厳しく秘匿《ひとく》管理する他なかった。

このように、王族の機密情報、知的な技術情報――これら二つの情報は、石工にとって、いずれも存否《そんぴ》を分ける秘密情報だ。その秘匿は、まさに職人の生死がかかっている。

だから、職人組合（ギルド）といえど、機密保持が最大目的となったのだ。

さらに、当時の最先端テクノクラートであった彼らは、国境を越えて自由に欧州諸国を移動できた。それも職能組合ネットワークを形成するのに、大いに役だったのである。

●エジプト秘教やユダヤ教も融合

「……建築に欠かせないプロの職人たちは、当時の人々にとっては特権階級だった」「彼らは自分たちの地位や収入を守ろうと、ほかへ技術を漏らさないための『秘密協定』を結ぶようになった。ギルドのメンバーにしかわからない暗号や符号、約束の儀式が誕生したのもそのためだ」（同書）

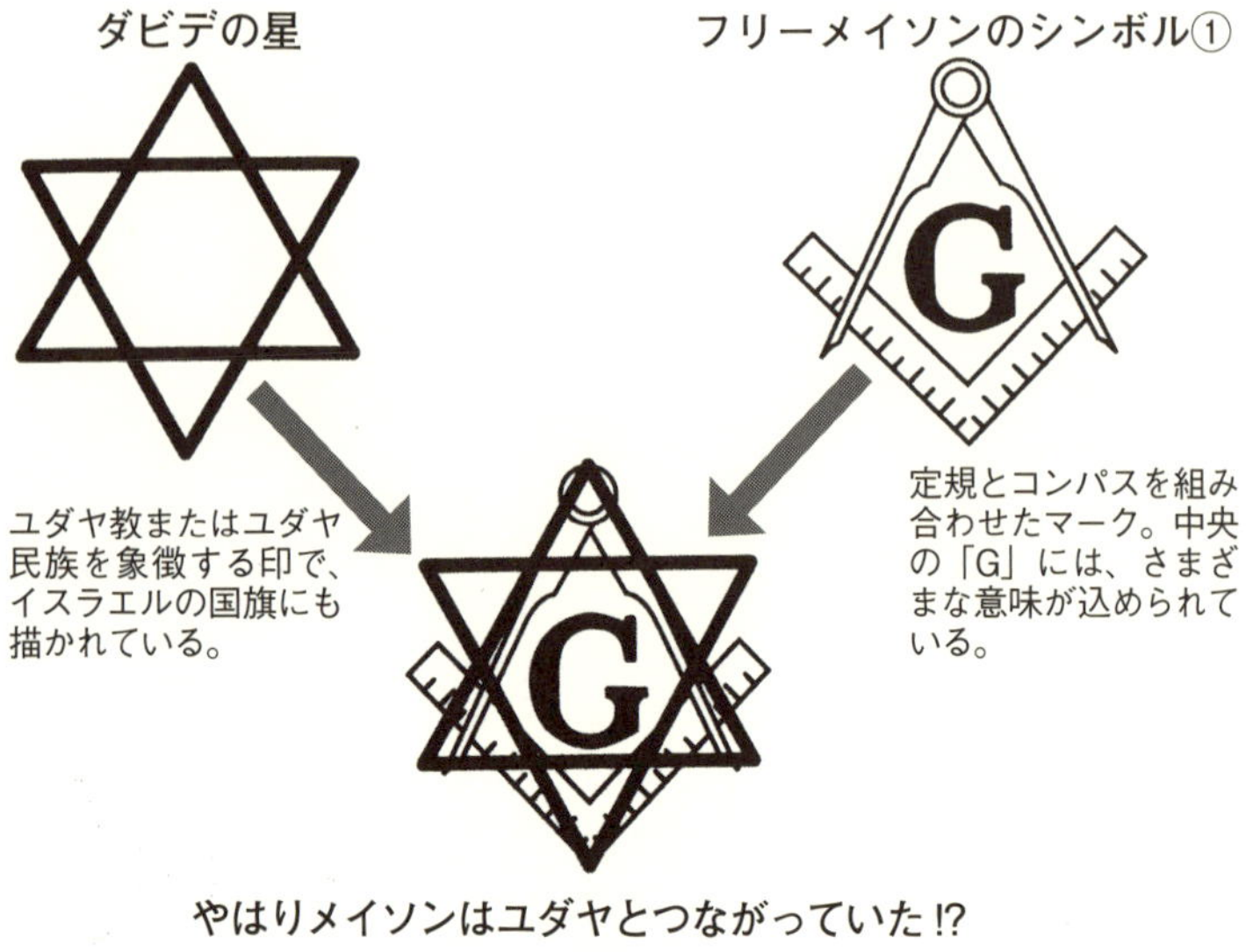

図 「ソロモンの印章」と呼ばれる「六芒星」

こうして、職人組合は、しだいに秘密結社に変貌《へんぼう》していったのだ。

その網の目のように拡大した秘密情報ネットワークに、貴族、王族や学者、芸術家など、有識者たちも惹《ひ》かれて、加入するようになっていった。

「……その背景には、当時の貴族たちの中で、中世ユダヤの神秘思想（カバラ）や、古代エジプトで成立した秘教（ヘルメス主義）、さらに錬金術などの神秘思想が流行していたことがあったようだ」（同）

石工組合の秘密ネットワークに、古代エジプト宗教やユダヤ思想が習合してきたのである。こうして、フリーメイソンは、神秘的な秘密組織の色合いをさらに深めていく。

フリーメイソンのシンボルのコンパスと定規を重ねると「ソロモンの印章」と呼ばれる「六芒星《ろくぼうせい》」となる（右図）。

これは、別名「ダビデの星」と呼ばれユダヤ教のシンボルでもある。

つまり、メイソン組織の深奥《しんおう》に、ユダヤ教が侵入していたことが窺《うかが》える。この「六芒星」には「陰と陽」「天と地」、「精神と物質」「男と女」……など、相対するものの調和を表している。

この「ダビデの星」は、国旗などにも使用されている。たとえば、イスラエル国旗の中心は、この「六芒星」が配置されている。

つまり、メイソンとユダヤは、見事に符合している。

メイソンは最終的には、世界を統一してソロモン王国を再建する……と言われている。

メイソンが目標として掲げる「新世界秩序」（ＮＷＯ：ニューワールドオーダー）の最終イメージこそ、かつてのソロモン王国の再建ともいわれている。

こうして、フリーメイソンは「秘密主義」「相互扶助」「博愛主義」を三本の柱として、驚異《きょうい》的な勢いで全世界に広まっていったのである。

「死んでも守れ！」メイソンの血の掟とは？

●秘密の握手で互いを確認する

フリーメイソンには、「血の掟《おきて》」がある。

それは、死んでも組織の秘密を守る……という掟だ。

これが、秘密結社の秘密結社たるゆえんだ。

メイソンの基本ルールは三つある。

(1)メンバー同士は、互いに「ブラザー」（兄弟）とよび合う。秘密の合い言葉やサイン、合図で、互いに会員であることを確認する。

(2)「友愛」の理念のもと、メンバーは互いに親睦を深め、助け合わなければならない。

(3)会員は、必ずいずれかのロッジ（支部）に所属し、月例会に出席しなければならない。

これだけなら、まさに好ましい友愛団体そのものだ。

しかし、真に恐ろしいのは、四点の「禁止事項」だ。

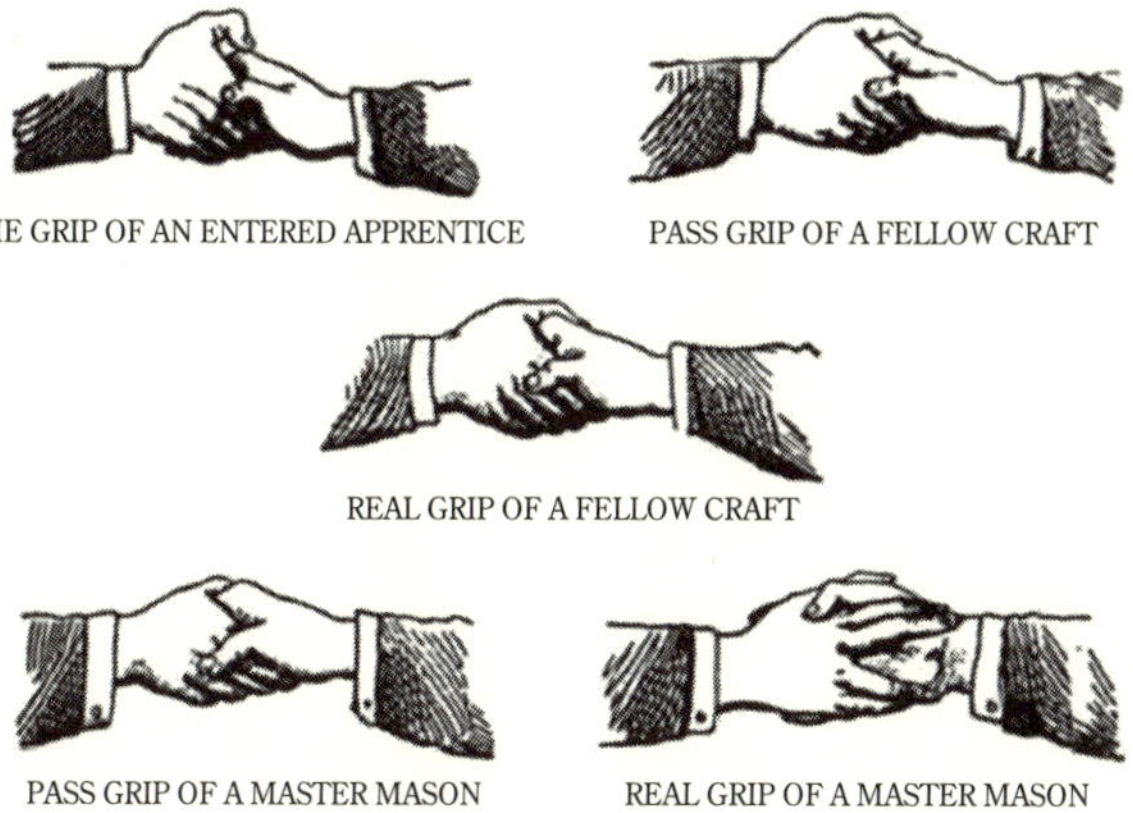

フリーメイソン独特の握手法。右下が「ライオンの握手」

図　メイソン会員独特の握手法

(1)他者をメイソンに勧誘してはならない。
(2)メンバーの名前を外部にもらしてはならない。
(3)ロッジ内で宗教・政治活動を行ってはならない。
(4)ロッジで得た情報を外部にもらしてはならない。

メイソンには、会員にしか判らない暗号、合図などがある。

その一例が、メイソン会員独特の握手法である（上図）。

秘密結社ゆえに、自分が会員であることを初対面で名乗ることは、絶対にない。

その代わりに特殊な握手で、相手にメイソン会員と判《わか》らせる。

また、各々の握り方で、特殊なメッセージを伝えるという。

右下が「ライオンの握手」と呼ばれ、会員同士で、もっとも使われる握手法という。

目隠し、首にロープ、胸に抜身の剣……入会秘儀

●上衣半分をはだけ左胸を出す

恐怖を覚えるのは、その入会儀式の異様さだ。

委員会で入会が認められたとする。次に「徒弟《とてい》」階級への参入儀式が待っている。

「……儀式が行われるのは、基本となるのがブルー・ロッジ（青ロッジ）だ」「志願者は、ロッジにある『準備の部屋』に通される。数分間一人で待つことになる。その後、身に付けている金属類をすべて外す。これは儀礼が財産や社会的な地位と関係がないことを示すためだ。さらに、上衣の半分ほどをはだけさせ、左胸を出し、ズボンから左膝《ひざ》を出し、左の靴のかかとを踏む。胸を出させるのは女性でないことの証明で、足は参入儀礼の前に、すでに厳しい試練を積んできていることを表している」

じつに異様な光景だ。じつは、入会の秘儀は、ここから始まる。

「次に、次席幹事のジュニア・ディーコンという役職名で呼ばれる案内役が、志願者に目隠しの布をつけ、もうひとつの控え室『反省の部屋』に案内する」

「儀式を受ける方は、目隠しのため周囲の様子が、まったく判らない。不安の極致《きょくち》のはずだ」

（『「秘密結社」の謎』前出）

●高所から飛び下り火の上を歩く

「志願者は、ノックが三回鳴るのを待ち、合図があった時にジュニア・ディーコンによって首にロープを負かれ、抜き身の剣を胸に当てられた姿で『主室』へと移動する。『主室』には、三人の役職者がいる。東側にマスター、西側に首席監督官のシニア・ウォーデン、南側に次席監督官のジュニア・ウォーデンが配置されている。志願者は、北に配置されるが、これは『志願者がまだ太陽の光に耐えられる力を持っていない』と考えられているからだ。『主室』に入り、いくつかの質問がされた後、剣は取り除かれ、部屋中を引き回されることになる。マスターの命により、高いところから飛び下りたり、火の上を歩いたりと、いつくかの試練を乗り越えることになる。これが終わると、マスターによる三度の槌《つち》の音によって、目隠しが外される。こうして、志願者は、新たな『ブラザー』と認められるのだ」(同)

あなたは、ここまで読んで、どう思われたか？

目隠しの上に、裸の胸に真剣を当てられる。

まさに、フリーメイソンの秘儀にふさわしい異様な光景である。このとき、「秘密を漏らしたら、剣で刺し殺されてもよい」という約束を唱《とな》えさせられる、という。

これが、フリーメイソン入会の〝死の黙約〟である。

「国家」にではなく、「結社」に忠誠を尽くせ！

●三三位階への〝悪魔の黙約〟

「……フリーメイソンについて、知ろうとするとき、もっとも重要なのが三三位階だ」（左図）

国際的歴史批評家ユースタス・マリンズ氏の指摘だ。その著書『カナンの呪い』（成甲書房）は「陰謀史のスーパー重要書！」として評価されている。

副題は「寄生虫ユダヤ3000年の悪魔学」。

メイソン組織を語る時、この三三位階ピラミッドは、不可欠だ。

頂点には、おなじみ「真実」を見通すと言われる〝フォロスの眼〟で、全てを見張っている。

その下「一三人評議会」こそが、メイソン組織の頂点に立つ。

わかりやすくいえば、地球を支配する一三氏族による合議組織だ。

上から二層目が三三人評議会。さらに、その下に三〇〇人委員会が位置する。

第四層には、大東社／ブナイ・ブリス……と聞き慣れない名称が冠せられている。

この秘密結社は、世間の目を欺くため、上層部は同じ組織でありながら、様々な呼称をふり分けている。それは、一種の攪乱《かくらん》のための策謀《さくぼう》であろう。

そして、これら上層の四～五層目が、イルミナティに所属する。

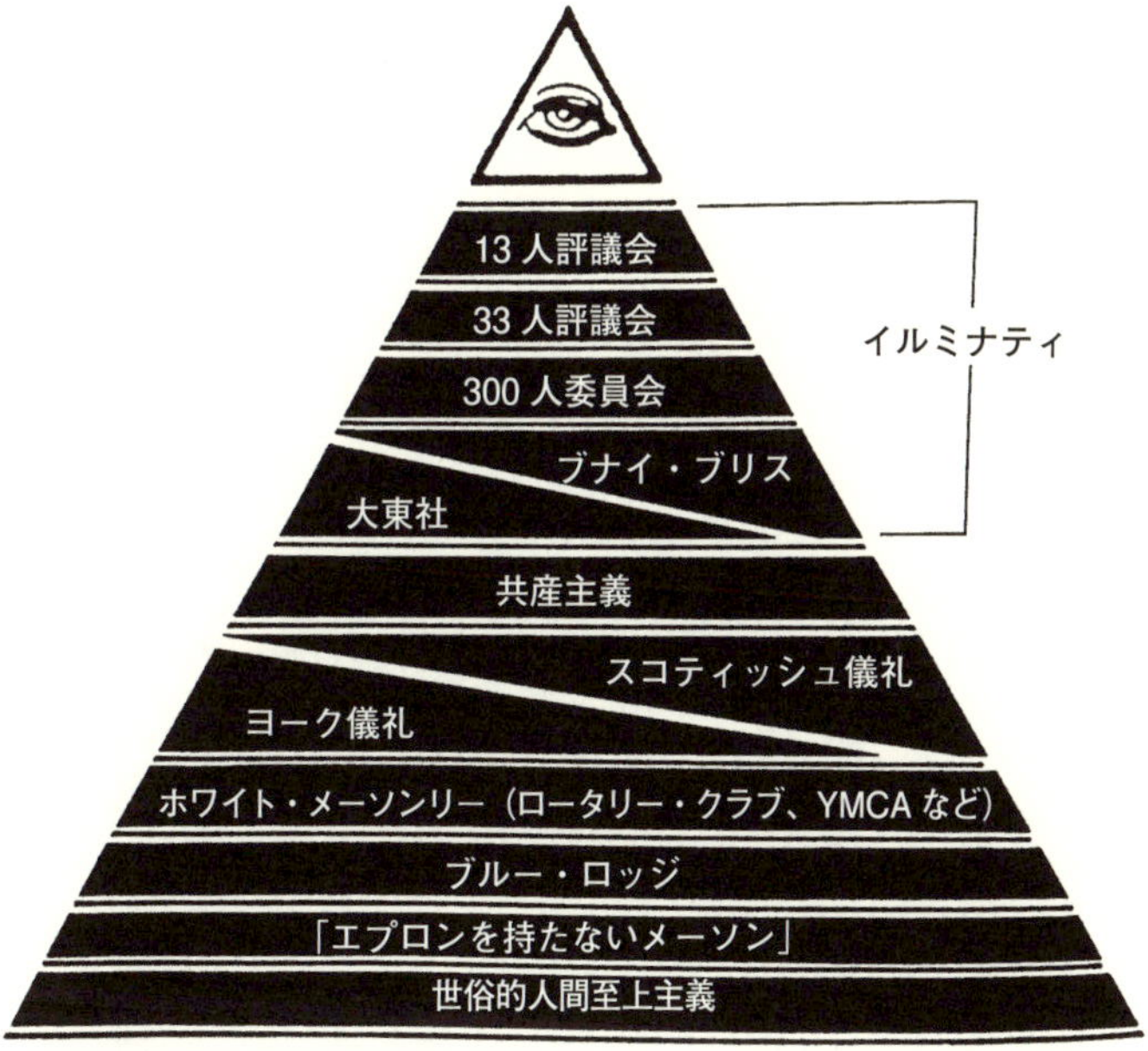

図　三三位階

これは、フリーメイソン中枢を支配する秘密組織だ。

よって、秘密結社の中の秘密結社といえる。

●共産主義もロータリークラブも

その下層に目を移す。すると、「共産主義」とあるのに、驚愕《きょうがく》するはずだ。

とくに、共産党を支持する人たちは、愕然とするのではないか。

いや、不快の極致となって憤激することだろう。

共産主義を貶《おとし》めるんじゃない！

その怒りは、十二分に理解できる。

自分が一生をささげた主義主張が、じつは国際秘密結社の陰謀の一つにすぎなかったとは……！

人生がひっくり返るほどの困惑だろう。

しかし、マリンズ氏は冷静に断言するのだ。

「……共産主義も、メイソンが世界支配のために捏造《ねつぞう》した」

愕然《がくぜん》として声を失うのは、革新側だけではない。

保守側も、呆然自失となりかねない。

三三位階の下層に目を転じる。すると、そこには「ホワイト・メイソンリー（ロータリー・クラブ、ＹＭＣＡなど）」の標記が……。ロータリー・クラブなどは、地域の富裕層による慈善団体として、よく知られている。こんどは、彼らが驚天動地《きょうてんどうち》で唖然《あぜん》とする番である。

「俺は、フリーメイソンだったのかい⁉」

ここで、「ホワイト・メイソンリー」とあることに注目。これは、〝善意のメイソン会員〟という意味だ。おそらく、ほとんどのロータリー会員は、自らが国際秘密結社フリーメイソンの下部組織に、組み込まれていることすら知らずに一生を終えるだろう。

なぜなら、ロータリー会員は、ほとんど全員、メイソン入会の秘儀を受けていないはずだ。同様の慈善組織にライオンズクラブなどもある。しかし、これら慈善団体を統括する最上層部は、まぎれもなくメイソン会員のはずなのである。

国民を裏切り結社に忠実な首相や大統領……

●みかけは総理で中身は秘密結社員

同書より、さらに引用する。

「……その（上層）三三位階は……『革命の位階』としても知られ、ここにおいて全宇宙のメイソンの至高《しこう》の司祭長』の称号が与えられる。称号に『全宇宙の神』とあるように、三三位階に達した者のみが、世界権力を行使することを許される。したがって、三三位階のフリーメイソンは政府のトップ、ないしはそれと同等の重要人物である」（同氏）

日本でいうなら、首相クラスが相当する。

「……もちろん、彼らは自らが率《ひき》いる国家に忠誠を尽《つ》くすことはできない。すでに、彼らは、死の制裁を覚悟して、国家・民族を超越した普遍的なフリーメイソン組織に忠誠を尽くすことを誓っているからだ」（同氏）

――ここが、フリーメイソンの底無しの恐ろしさである。

みかけは、日本の国の総理大臣でも、ひとたびメイソンの三三位階に組み込まれると、もはや日本国家に忠誠を尽くす事は、いっさい許されない。

●正体は祖国を裏切る〝売国奴〟

その男（総理大臣）が、生命も財産も名誉も、すべてを投げ出すのは、この秘密結社のみに対しての忠義に従う。つまり、この首相は、祖国に対する〝裏切り者〟である。

はやくいえば〝売国奴〟として生きるしか道はない。

表向きは、にこやかに日本国総理として振る舞っていても、内心は悪魔的結社に、すべてを委《ゆだ》ね、売り渡している……。なんともはや、その生き方こそが、悪魔そのものだ。言い換えると、底無しの狂気である。

尋常《じんじょう》な精神の持ち主だったら、そのような二重スパイもどきの生活には、耐えられないだろう。しかし、メイソン会員は、その二重生活に平然と耐え、さらには、楽しんでいるようにすら思える。

マリンズ氏は、典型的な三三位階メイソンの例として、かのハリー・S・トルーマン米大統領をあげる。

●元洋服店の親父トルーマン大統領

「……これといった才覚があったわけでもなく、彼は紳士用服飾店を開くも、閉店に追い込まれ、当時にあっては、ろくなキャリアを積むことはできないだろうと、見られていた。ところが、ミズリー州全体のフリーメイソン・ロッジの世話役となると、彼の問題は解決され……」

彼は、トントン拍子で出世し、三三位階に昇進した。

「……トルーマンは、『S』を加えることで、秘密裡にその名を変えた。この『S』は、ソロモンの『S』だったが、ジャーナリストには『……〝S〟には、何の意味もない』と応じた」(マリンズ氏)

こうして、しがない、片田舎の洋服屋の親父は、フリーメイソンの位階を上り詰めることで、合衆国大統領の指名を受けたのである。

「……トルーマンは、夜ごとに飲んだくれ、ワシントンの歓楽街で浮かれていたが、大統領を守らせようと、(腹心は)二人のFBI職員に、彼を尾行させた。職員は、大統領が毎夜のように飲んだくれているあいだ、ゴミ箱の陰から彼を見守り、無事にホワイトハウスに帰り着くのを見届けた」(同)

冴《さ》えない洋服店の親父でも、メイソン会員として熱心につくせば、末はアメリカ大統領にすらなれるのである。

腹を割き内臓を抜かれても秘密は守る

●モーツァルトはなぜ三五で死んだ？

フリーメイソンの誓約《せいやく》に、次のくだりがある。

「たとえ、腹を切り裂かれ、内臓を取り出されても、組織の秘密は守る」

おぞましくて、背筋が震える。これが、この組織の真の正体というべきだろう。

結社の黙約《もくやく》を厳守すれば、いかなる出世もかなえられる。

しかし、いったん、秘密を漏らすと、そこには本当に〝死の制裁〟が待っているのだ。

フリーメイソンの歴史をひもとくと、歴史上の偉人たちが、きら星のごとく登場してくる。

文学者、哲学者、芸術家、政治家……メイソン会員でなければ、偉人伝には掲載されない――と断言したくなるほど、歴史上の著名人のオンパレードだ。

ところが、いくら成功した有名人でも、秘密の黙約を破ると、結社の制裁は過酷である。

作曲家モーツァルトが、メイソン会員であったことは、あまりに有名である。

しかし、この天才は三五歳で不可解な死をとげている。

じつは、遺作となったオペレッタ「魔笛《まてき》」は、メイソン秘密の儀式を題材にしている、と言われる。つまり、組織の秘密を舞台上で、明かしてしまった。

モーツァルトが不審死《ふしん》を遂《と》げたのは、「魔笛」公開からわずかのことだった。

組織の制裁を思わせる、似たような悲劇は現代でも起こっている。

傑作SF映画『2001年宇宙の旅』の監督スタンリー・キューブリックは、トム・クルーズとニコール・キッドマン主演で『アイズ　ワイド　シャット』を撮影し、公開直後に不審死を遂げている。タイトルからして「目を大きく閉じよ」と意味深である。

これは、表向きは上流階級の秘密セックスパーティを描いている。しかし、題材としたのはメイソンの秘密会合だった、という。だから、国際的な映画監督は、試写会で映画公開してわずか二週間後に、心臓発作に襲《おそ》われ息を引き取ったのだ。

近代フリーメイソン、世界征服へ始動

●追放された石工職人たち

フリーメイソンは、一七一七年、イギリスの首都ロンドンに大ロッジを設置している。その正式名称は、英連合グランド・ロッジ。

「このグランド・ロッジの創設と、初代グランド・マスターが選出されたことを機に、個人的な集まりでしかなかったフリーメイソンが表立った組織となり、ヨーロッパ各地に、次々にグランド・ロッジがつくられていく」(『「秘密結社」の謎』前出)

そして、一七二三年、「フリーメイソン憲章《けんしょう》」を制定している。

そこには、「フリーメイソンの歴史」「基本理念」「規約と規則」「明確な思想」「組織の目標」などが、明記されている。ここにおいて、メイソンは秘密結社として、確固たる体制を固めたのである。そこには、もはや石工の職能組合の姿は、みじんもなかった。

はやくいえば、実直な石工職人たちは追い出され、その代わりに政治的、経済的、文学的野

望を抱いた政治家、資本家、知識人などが参集してきたのだ。

よって、私は、この「憲章」制定を境に、それ以前を「初期フリーメイソン」、後を「後期フリーメイソン」と呼んでいる。

●自由・平等・博愛とは噴飯もの

つまり、古代の職能組合が、近代の秘密結社に変貌した、決定的な瞬間なのだ。

近代フリーメイソンが掲《かか》げた哲学が、有名な「自由」「平等」「博愛」である。

今も、メイソンはこれらを組織の表看板として標記している。

そして、「自分たちは、たんなる国際的な友愛・慈善団体にすぎず、陰謀団体などとは、無縁である」と、主張しているのだ。しかし、語るに落ちるとはこのことである。

内部は、三三位階ものピラミッド型の階層社会で、組織の秘密をもらせば、殺す……と明確に会員を脅《おど》していながら、「自由」「平等」「博愛」とは、まさに噴飯《ふんぱん》ものである。

表向きは、慈善団体を偽装するこの秘密結社は、本来の目的、世界統一つまり世界制服に向けて、秘密裏に、始動を開始する。

ちなみに、このスローガンは、そっくりそのまま一七七六年、アメリカ「独立宣言」に用いられている。さらに、一七八九年、フランス革命「人権宣言」も同じ。つまり、両革命も、秘密結社フリーメイソンが画策した〝メイソン革命〟だったのだ。

英王室は一八世紀以来フリーメイソンだ

●一七三七年より英王室は全員加盟

憲章制定後、フリーメイソンは徐々に、そして急速に勢力を拡大していく。

王族や貴族までもが、積極的にメイソン会員になっていったのだ。

彼ら支配階級にとって、この秘密結社による国際的情報ネットワークは垂涎《すいぜん》の的《まと》だったのだ。

転機は一七三七年に訪れた。

イギリス王太子フレデリック・ルイスがフリーメイソンに入会したのだ。

「……ロンドンのキュー宮殿に設置された臨時ロッジでメンバーの一員となってルイスは、彼の三人の息子たちも相次いでメイソン・メンバーにしている。以後、代々イギリス王室では、フリーメイソンに加入することが慣例になった」（『「秘密結社」の謎』前出）

これは、メイソンが、英国王室を抱き込んだというより、王室側から、この秘密結社を抱き寄せたのだ。その証拠に、一九〇二年に戴冠《たいかん》したエドワード七世は、英国連合グランド・ロッジのグランド・マスターの座についている。

つまり、英王室は、イギリス国内のフリーメイソンという秘密結社のトップを掌握《しょうあく》したのだ。王室に続いて、数多くの貴族たちも、先を争うようにメイソン会員となっていった。

こうして、英国とメイソンは一体化して、今日にいたる。

つまり、フリーメイソンの世界統一の目標と、大英帝国の世界制服の野望が、見事に一致したのだ。この時点で、英国王室は大英帝国の表の顔と、秘密結社トップという裏の顔を合わせ持つことになる。

アメリカはメイソンが作った〝実験国家〟

●ボストン茶会事件も彼らの仕業《しわざ》

こうして英国を簒奪《さんだつ》し、支配下においたメイソンが、次に狙ったのは新大陸アメリカである。

「……現在、世界のフリーメイソン・メンバーの三分の二をアメリカ人が占めていると言われているが、実際、『アメリカは、フリーメイソンによってつくられた国だ』といっても過言ではない」（並木氏）

新大陸アメリカには、当然のごとく、メイソン・メンバーも大挙して渡っていった。

一七三三年、ボストンにアメリカ初のグランド・ロッジが開設されている。

一七六〇年、すでに当時一三州あったイギリス植民地すべてにロッジが置かれていた。

メイソンの新天地への進出の意欲には、舌をまく。

一七七三年、イギリスの植民地政策に怒った急進派たちが、ボストン茶会事件を起こす。

これは、急進派の面々が、アメリカ原住民に扮して、停泊中の英国船に忍び込み、積み荷の紅茶箱をボストン湾に次々に投げ込んだ、という事件だ。

これは、急進派に見せかけたフリーメイソンのメンバーによる過激行動だった、という見方が強い。なにしろ、彼らは陰謀ならお手のものなのだ。

この過激行動で、アメリカの独立機運に、いっきに火がついた。

●独立宣言署名五六人中五三人が……

そもそも独立宣言を起草した一人、ベンジャミン・フランクリンは、れっきとしたメイソンリーだった。印刷業をしていた彼は、自ら発行する新聞『ペンシルベニア・ガゼット』紙面で「自分がグランド・マスターに選出された」と自慢気に書いているのだ。

このように、アメリカ独立へ奔走した〝偉人〟たちは、ほぼ全員フリーメイソンだった。

初代大統領ジョージ・ワシントンをはじめ、メイソンだらけ。なにしろ、一七七六年、独立宣言の署名者五六人のうち五三人がメイソン会員だった、という。

新政府の国務長官ジェファーソンもメイソン。その他、財務長官、司法長官、副大統領、最高裁判所長官……など、首脳は、ほぼ全員メイソンだった。

つまり、アメリカは、秘密結社フリーメイソンがつくった、メイソンの、メイソンによるメイソンのための国家だったのだ。

それは、近代が現代になっても変わらない。

一九四〇年代の調査では、アメリカ四八州知事のうち三四人がメイソンだった。さらに、上院議員九六人中五五人がメイソンで、ある州では議会の七〇%がメイソン会員で占められていた、という。州知事も上院も、過半数以上の席を、メイソンが独占している。

それは、大統領も同じ。これまで歴代大統領四四人のうち、判明しているだけでも、一三人がフリーメイソンだった。隠れメイソンを入れれば、その数は、さらに増えるのはまちがいないだろう。

フランス革命の正体はメイソン革命だった

●悲痛……アントワネットの手紙

以上――。

述べてきた事実に、あなたは、唖然呆然《あぜんぼうぜん》だろう。

こうして、まちがいなく、イギリス、アメリカは秘密結社フリーメイソンに簒奪《さんだつ》された。

〝かれら〟が次に狙ったのはフランスである。

ルイ一六世の王妃マリー・アントワネットは、フランス革命直後の一七九〇年、実兄の神聖ローマ皇帝レオポルト二世に、次のような書簡を送っている。

「……あなたもフリーメイソンに注意してください。こちらでは、今、民衆が恐ろしい陰謀論に荷担《かたん》させられています。とても、恐ろしい出来事が起ころうとしています」

実は、フランス革命の前から、メイソンは同国に深く広く浸蝕《しんしょく》していた。

そのロッジの数は、一七八五年には、首都パリに六五箇所、地方に四四二、植民地に三九……総数で五五〇近いロッジがはびこっていた。

メイソン会員数は二〜三万人、フランス全土、どこに行ってもメイソンリーがいるという状態だった。

「……革命を後押しした将校や下級士官からなる『軍事ロッジ』も例外ではなく、このロッジには一三〇〇人もの人が集まった、という」（並木氏）

我々は、歴史教科書で、フランス革命は、ルイ一六世の圧政に苦しむ民衆が引き起こした〝市民革命〟と習った。それは、一七八九年、民衆の〝暴動〟によるバスティーユ牢獄の解放から始まった。ところが、その〝暴動〟を扇動《せんどう》したのは、……メイソンだったのだ。

「一時は、仏国民議会の、およそ三分の二がメイソン・メンバーだったほどで、フランスにおけるフリーメイソンの勢いが窺《うかが》い知れる」（並木氏）

●「人権宣言」もメイソン憲章の写し

フランス革命といえば、革命とともに発せられた「人権宣言」が有名だ。

それは、フランスの哲学者モンテスキューの起草と伝えられるが、彼自身が筋金入りのフリーメイソンだ。そして、彼の筆になると言われる人権宣言は、一七二三年、メイソン憲章の焼き直しにすぎない。その証拠に「フランス人権宣言」を記した文献、石碑には、いずれもメイソンのシンボルである「万物を見通す目」が描かれている。

まさに、上手の手から水がもる……フランス革命の正体は、ばればれなのだ。

革命前夜、仏議会の三分の二、さらに軍隊中枢《ちゅうすう》にまで、メイソンは浸蝕していた。

しかし、一般のフランス国民は、その事実にいっさい気づかなかった。

さすがに、秘密結社、会員は自ら身分を明かすことを絶対に許されていなかった。

だから、秘密裏に国家まで簒奪できたのだ。

悲劇は、この革命を市民革命と信じて蜂起した市民、学生、労働者たちだ。

彼らは、民衆に権力をとりもどす民主革命だと信じて疑わなかった。

だから、革命後、彼らは政権への参加を求めた。ところが、共に戦ったはずの政党ジャコバン党のロベス・ピエールらは、市民、学生、労働者たちを捕らえ、次々に断頭台（ギロチン）に送った。その無残なる犠牲者は老若男女におよび一万人にたっする、という。

まさに、恐怖政治（テラー）そのもの。それが、現在のテロの語源となったのも、うなずける。革命を陰で扇動したピエールらが、メイソンリーであったことは、いうまでもない。

●ナポレオンもメイソン傀儡

フランス革命後、反対派の大粛清《しゅくせい》を経て、フリーメイソンは一八九四年、一兵卒を皇帝の座に据《す》える。ナポレオン・ボナパルトである。彼がメイソンであった、という記録は残っていない。しかし、妻ジョセフィーヌは、メイソンとの深い繋がりがあり、ナポレオンの兄弟ジョセフとルイは、メイソンリーであったことは有名である。

だから、ナポレオンもメイソンであったことは、確実だろう。

王政を打倒して帝政を確立……などアナクロの極致。なぜ、このような時間をまき戻すような状況となったのか？　それは、メイソンの世界支配の野望を知れば腑《ふ》に落ちる。

一人の兵卒を傀儡《かいらい》に仕立て、皇帝とし、ナポレオン戦争を仕掛けさせ、欧州全土を制圧に向かわせたのだ。それも戦争を最高の商売とするフリーメイソンの謀略であった。

ちなみにナポレオンは、二回も戦争犯罪人として流刑にあっている。

一度目はエルバ島、二度目はアフリカ沖のセントヘレナ島だ。これも、不可解!!

フランス革命後の粛清の嵐を見よ。戦犯なら、即、ナポレオンの首は断頭台に転がっておかしくなかった。それが、一八一五年、エルバ島脱出……!?

背後の大きな力（つまりメイソン）の手引きが、なければありえない。さらに、皇帝に復位など茶番《ちゃばん》劇だ。さらに、同年、ヨーロッパ天下分け目のワーテルローの戦いで、最高司令官として英国軍の中央に、軍隊を無謀に突入して自滅している。まるで、わざと負けに行ったとしか思えない。

そして、セントヘレナに二度目の流刑。ここでも処刑されなかったのが不可解。

さらに、没後、本国に送られた棺には遺体がなかった……という伝説すらある。

つまり、彼もフリーメイソンの傀儡《かいらい》、捨て駒として、使われたのだろう。

以上――。

英米に続いて仏もメイソンの掌中に落ちた。

その証拠が「自由の女神像」である。一八八六年、独立一〇〇周年を祝してフランスのメイソンが、アメリカの同志に贈ったものだ。

その証拠に、女神の台座には「コンパス、定規」のシンボルマークがはっきり刻まれている。

〝革命の父〟レーニンも秘密結社工作員

●伊、独の次に狙われたロシア

さらに、英米仏に続いて、メイソン勢力は、イタリア、ドイツを侵蝕し、支配下に置く。

こうして、欧米諸国は、国際秘密結社フリーメイソンに完全に制圧されたのである。

そして、〝かれら〟は、ロシアの制圧をもくろんだ。

そこで、利用されたのが「明治維新」後の日本である。

英国のメイソンは、巧みに日本に潜《ひそ》むメイソンと提携《ていけい》して、一九〇二年、日英同盟を締結させる。これは、メイソンのロシア侵略の布石であった。

英国の肩代わりで、日本にロシアを攻めさせるためである。

日露戦争に敗北し、窮地《きゅうち》に陥ったロマノフ王朝に対して、共産主義革命を装って、メイソンはロシア革命を仕掛けたのだ。これは、市民革命を偽装したフランス革命と、手口は同じだ。

マリンズ氏（『カナンの呪い』）によればそもそも、共産主義自体が、メイソンがマルクスを操って〝創作〟した「共同幻想」だった、のだ。

フランスでは市民が騙《だま》され、ロシアでは労働者が騙された。

〝革命の父〟としていまだ尊敬されているレーニンの正体は、イルミナティの工作員だった。共産党の方などにとっては、驚天動地の話だろう。

マリンズ氏は断言する。

「レーニンは、秘密結社イルミナティが送り込んだ、ロシア強奪が目的のボルシェビキ革命の指導者である」。ちなみに革命リーダーの一人、トロツキーも、イルミナティの頭目ロックフェラー家の資金でニューヨークからロシアに渡航、潜伏したのである。

●〝共産主義〟もメイソンの創造

一九一七年、スイスに亡命していたレーニンは、封印列車でロシア二月革命に駆け付ける。

その列車に満載《まんさい》されていた軍用資金でボルシェビキによるロシア革命は成就する。

しかし、誰もこの巨額資金の出所を問わない。

それは、いうまでもなく、スイスに於けるロスチャイルド等の膨大《ぼうだい》な隠し資金だった。

つまり、超巨大資本家が――資本主義打倒を叫ぶ共産革命――に、巨大資金を提供したのだ。

なぜだ？　普通の頭の持ち主なら、頭をかきむしりたくなるだろう。

つまり、マリンズ氏によれば〝共産主義〟そのものが、フリーメイソンによる創作なのだ。

カール・マルクスは、当初からメイソンの庇護《ひご》を受けて、『資本論』をまとめた。

この、〝革命のバイブル〟を陰で全世界に広めたのが、メイソンの組織なのである。

世界を資本主義と共産主義に二分すれば、両者とも軍拡競争に邁進する。

すると、両陣営に、高利で資金を貸し付け、その金で高額な武器を売り付ける。

〝かれら〟お得意の二股作戦である。

こうして、ロシアでは革命軍（赤軍）に、政府軍（白軍）は、壊滅的に敗北し、逃亡したニコライ二世と、その一族は赤軍に捕らえられ、レーニンの命令一下、全員が情け容赦なく銃殺された……。

そして、レーニンに続く、ソ連の新ツァー（皇帝）スターリンも、紛れもないイルミナティの主要メンバーであったことは、いうまでもない……。

第２章　「南北戦争」から「明治維新」への仕掛け

——維新は「南北戦争」の在庫処理だ！

アヘン戦争の次の標的が日本だった

●東方侵略の謀略三〇〇人委員会

欧州全土を制圧したフリーメイソンは、東方侵略をめざす。

ターゲットは中東、さらにインド、中国、極東……そして、東南アジアである。

ここで注意してほしいのは、日本は極東の一島国に過ぎない、ということだ。

この欧米列強の対外侵略は、表向きは帝国主義による植民地政策である。

しかし、それを背後から綿密に策略を練り操っていたのが秘密結社フリーメイソンなのだ。

それは、英・米・仏・露……など各国を裏から簒奪した巧妙な手口をみれば一目瞭然《りょうぜん》だ。

一七三七年以降、英国王室がまるごとメイソン会員となっている。さらに、首都ロンドンにグランド・ロッジが置かれている。このことからヨーロッパに於《お》けるフリーメイソンの拠点はイギリスである。その東方侵略で大きな役目を果たしたのが「三〇〇人委員会」である。

メイソン三三位階の上から三番目に位置する。それは、メイソンの超上位組織である。

むろん、全員イルミナティ構成員だ。

この発祥《はっしょう》は、一七二七年、英国東インド会社の「三〇〇人委員会」である。

そもそも東インド会社自体が、〝会社〟を名乗ってはいるが、英国の東方侵略を偽装する目的で設置された謀略機関である。

内部に巨大な富を蓄えていたが、その原資は中国とのアヘン貿易により蓄積されたものだ。

ちなみに、イギリス女王エリザベス二世は、「三〇〇人委員会」のトップに君臨していた。

●中国アヘン漬けの後に攻撃勝利

英国は、これら謀略機関と強力軍隊を巧《たく》みに駆使してインドを植民地とし、中国を支配下に置いた。

中国を屈伏させたのは、一八四〇年に勃発したアヘン戦争の勝利である。

当時、英国は中国から大量の茶、陶磁器、絹を買い付けていた。その対価の支払いに、植民地インドで栽培したアヘンを充《あ》てたのである。この〝三角貿易〟で、東インド会社つまり英国は、莫大な利益をあげた。しかし、中国側の清国内にはアヘン中毒患者が蔓延《まんえん》した。

清は、アヘンを禁止とし、たびたび「アヘン禁止令」を発動して取り締まったが、東インド会社は、禁止令後もアヘン密貿易を止めようとはしなかった。

堪忍袋《かんにんぶくろ》の緒《お》が切れた清国は密貿易のアヘンを没収、焼却、廃棄処分とした。

これに激怒した英国は、なんと軍艦一六隻《せき》、輸送船二七隻の大英帝国艦隊を派遣し、清国を攻撃した。ここにアヘン戦争が勃発。戦争は二年続いたが、中国側の完敗で終わった。

清国は屈辱の南京条約を結ばされる。英国への大量の賠償金《ばいしょうきん》支払い、香港の割譲《かつじょう》、上海などの自由貿易港化、不平等条約の締結《ていけつ》という煮え湯を飲まされる。

しかし、アヘン戦争ひとつを見ても、背後で操ったフリーメイソンの謀略は、恐ろしい。まさに、狡猾《こうかつ》な悪魔の所業だ。

この戦争で東の大国、清を屈伏させた英国が、次に狙ったのが極東の島国日本だった。

それは、言い換えると、フリーメイソンが日本を標的に置いたことを意味する。

日本でも徳川幕府の幕末には、アヘン戦争敗北による清国の無残な状況は伝わっていた。列強侵略の酷薄さ、無慈悲さに、幕府諸侯に緊張が走った。

「南北戦争」はフリーメイソンが計画実行

●表向きは奴隷制を巡る対立だが

他方、アメリカ大陸でも激震が起こった。

「南北戦争」の勃発である。

六二万人もの死者を出したアメリカ史上最大の内戦は、どうして起こったのか？

一般に原因説とされるのは、西部開拓が進むにつれて表面化した北部と南部の対立だ。

北部は工業化が進み、産業保護のため、英国からの輸入品に高関税を望んでいた。

南部は農業地帯で生活物資も乏しく英国からの輸入品には低い関税を望んでいた。

北部は奴隷解放を主張。すると安い労働力を確保できる。

南部は綿花栽培に奴隷は不可欠なので、存続を主張した。

このように、⑴輸入関税、⑵奴隷制度の二点で、南北は、まっこうから対立していた。

しかし、国家において、このような地域間の利益相反、意見対立があるのは当たり前だ。

それを融和解決させるために、政治があるのだ。

一八六〇年、大統領選挙でリンカーンが選出された。彼は、奴隷解放論者だった。

これに危機感を抱いた南部七州は、合衆国離脱を宣言、アメリカ連合国の独立を一方的に宣言した。そして、南側は独自に武力を強化し、ついに一八六一年四月、南北で武力衝突が起こり、これがきっかけで「南北戦争」に突入する。

これから、四年間も泥沼の激闘が続き、最後は北軍が勝利して、内戦は終結する。

●パリ「秘密最高評議会」が決定

以上の開戦理由には、全く釈然としない。南北の利害が対立していても、ささいな武力衝突が、どうして全面戦争に拡大したのか？　何の説明もない。

そこに、ズバリ――「南北戦争は、フリーメイソンが計画した」と断定する論者がいる。

「……南北戦争は、フリーメイソン秘密最高評議会が計画したものである」

――英国の国際批評家ディビッド・アイク氏は断言する。

アイク氏によれば、アメリカが経験した三つの内戦、⑴独立戦争、⑵先住民との戦争、⑶南北戦争も、すべて「フリーメイソンによる隠された意図によって起こされた」という。

「南北戦争」も同じ構図で行われた……。

「……当時、イギリス首相と外相を兼《か》ねていた貴族パーマストン卿《きょう》を首謀とするフリーメイソン秘密最高評議会は、アメリカに内戦を起こすことを計画したのだ」（アイク氏）

やはり、「南北戦争」を仕掛けた悪意が、存在したのだ。具体的に見てみよう。

「……一八四一年から四五年にかけて、パリで六つのフリーメイソン大会が開かれた。ヨーロッパ中のメイソンが一斉《いっせい》にパリに集結した。これらの大会の開催目的は、実は、その裏で開かれた極秘の〝最高評議会〟を隠蔽《いんぺい》するためだった。そして、米国内戦（南北戦争）計画が、それら『秘密最高評議会』において為されたのだ」（同）

工作員パイクとクッシングが内乱操作

●南軍大将となったメイソン幹部

アイク氏は首謀者も名指し、告発する。

「その陰謀の中心にいたのが、英国の首相兼外相で、かつフリーメイソンの長老であったハーマストン卿である」

そして……。

三三位階の「スコテッシュ・ライト」に所属する二人が、内乱操作エージェント（工作員）に選ばれた。その二人とは、ケイレブ・クッシング（左写真）とアルバート・パイクだ」

ここで、アルバート・パイクの名前が登場したことに、驚いた。

やっぱり……と、ひとり、大きくうなずいた。

この男が首謀者だったのか！　ついに、真打ち登場である。

アルバート・パイクは、私も著書で、何度か触れている。

そこでは、「一八七一年、第一次、二次、三次と三つの大戦を、予言（予告）した男」として取り上げた。彼の別名は、フリーメイソンの〝黒い教皇〟として恐れられていたこと。さらに、過激な人種差別組織ＫＫＫの創設者であること……などなど。

写真　ケイレブ・クッシング

彼の経歴を調べて、首をかしげた。
南北戦争において「南軍の総大将であった」という。
不思議である。南軍は敗北したはずだ。なら、南軍の大将は、真っ先に処罰されるか、あるいは処刑されても当然だった。それが、のうのうと生き延びて、世界フリーメイソンの頂点に昇り詰めて、わが世の栄華《えいが》を謳歌《おうか》している！

●一人は南軍大将、一人は北の活動家

不可解である。そもそも、負けた南軍大将がのうのうと生き延びて、勝った北軍の大統領リンカーンは無残に暗殺されている。

しかし、メイソン計画が「南北戦争」の背後にあったことを知れば、これら疑問も氷解する。つまりは、アメリカ史上最大の内戦も、〝秘密結社のヤラセ〟だったのだ。

工作員の一人、パイクが大将として南側についた。それにたいして、もう一人の工作員クッシングは、北部で連邦主義者として、活動した。

パイクは、もともと南部フリーメイソンの最高指導者であった。

そのため、パリ極秘会議で、内乱扇動する工作員に、抜擢《ばってき》されたのだ。その指示どおり、パイクは南部において精力的に反乱軍を組織した。

他方、クッシングは北軍を戦争へと煽《あお》ったのである。

「……皮肉にも、そして、まったく巧妙にも、ロンドンのフリーメイソン銀行家たちを使って、南部の反乱軍の（軍資金の貸し付けという）お膳立てをしたのは、北部の人間として活動していたクッシングであった」（アイク氏）

●悪役「役者」がズラリ勢揃い

つまり、工作員クッシングは、メイソン銀行家たちを動かし、南軍への軍資金を調達したのだ。それもこれも、〝かれら〟全員がメイソンだから、造作のないことだった。

なにしろ〝血の誓約〟で「兄弟（ブラザー）には忠誠を尽くす」と血盟している連中なのだ。

パイクの南軍は、さらなる強い味方も得ている。

「……アーリア支配種（レプタイル・アーリアン）を信奉する悪魔主義者のアルバート・パイクは、イタリアのフリーメイソン首領ジュゼッペ・マッツィーニからの援助を受けていた。悪名高い犯罪組織であるマフィアは、このマッツィーニたちが創始したものである」（アイク氏）

マッツィーニも、後のイタリア・マフィアの産みの親だけに、なかなかの凄《すご》みのある面構えだ。

こうして、「南北戦争」を仕掛けた悪役の役者が、ズラリ勢揃《せいぞろ》いした。

しかし、アメリカ市民ですら、これら「南北戦争」捏造《ねつぞう》の真実を知る人は、皆無だろう。

これら、驚愕の真実も、ディビッド・アイク氏の命をかけた綿密な調査と告発で、満天下の白日にさらされたのだ。

"黒い教皇" アルバート・パイクを裸にする

●二〇年かけて内戦を仕掛ける

ここに来て、ついに「維新の悪人」最初の一人が登場である。

アルバート・パイク（一八〇九～一八九一年）は、一八四一～四五年、パリで極秘裏に開催されたフリーメイソン「最高議決会議」で、フリーメイソン長老ハーマストン卿により内戦（南北戦争）を仕掛ける工作員に選抜されている。

ちょうど、パイクが三〇代前半の時だ。まだまだ、血気盛んな青年といってよい。

「南北戦争」は一八六一年に勃発している。だから、パイクがメイソン秘密工作員として南部で工作活動を開始して一五～二〇年後のことである。

そして、内戦を起こすことに成功している。いかに、パイクが精力的にメイソン長老の指示に従い、諜報と謀略活動に汗を流したかがよくわかる。

「南北戦争」勃発時には、パイク五一歳。堂々たる体躯《たいく》で、南軍の総大将として指揮を執《と》っている。しかし、南に従軍して銃を取り、同じ北の同胞と凄惨な殺し合いを演じた南軍兵士たちは、自分達の最高司令官が、内戦勃発を仕掛けた秘密工作員であった、など夢にも思わなかったであろう。

このへんが、フリーメイソンという秘密結社の底知れぬ凄さである。

そして、四年に及ぶ激闘のうちに、「南北戦争」は北軍の勝利で終熄《しゅうそく》する。

本来なら戦争責任者として、何らかの処断を受けて当然だ。

敗軍の将パイクは、リンカーン大統領に、恩赦《おんしゃ》を願い出ている。そして、逮捕を免《まぬが》れるため、一時カナダに逃亡。そして、一八六五年、ジョンソン大統領により恩赦。自由の身になる。

いくらなんでも、アッサリしすぎている。しかし、ジョンソンがメイソンなら当然の温遇だ。

また、米政府高官はメイソンだらけ。パイクに何らのお咎《とが》めもなかったのも、当然であろう。

彼は、メイソンにとって念願の最大規模の内戦を仕掛け、成功させた〝功労者〟なのだ。

戦争こそ「金融」「兵器」最高ビジネスだ！

●緊張、紛争、戦争をあおれ

では――。

なぜ、フリーメイソンは「南北戦争」を仕掛けたのか？　故意に起こさせたのか？

その理由も、明白だ。戦争はユダヤ資本家にとって、最高のビジネスだからだ。

フリーメイソンの中枢には、さらなる秘密組織イルミナティが巣くっている。

三三位階ピラミッドの上層部だ。〝かれら〟は、ほぼ全員がユダヤ資本家たちである。

彼らは、戦争こそが、最大ビジネス・チャンスであることを熟知している。

とりわけイルミナティ〝双頭の悪魔〟ロスチャイルドとロックフェラー一族は、常に、戦争を熱望している。ロスチャイルド一族は、一八一五年、ワーテルローの戦いにより、資産を約二五〇〇倍に増やしている。

武器はどこで売れるのか？　それは国家間、民族間で……緊張、紛争、戦争のある地域である。対立する双方が、まず争って武器を求める。武器購入資金がないならば、高利で資金を貸し付ける。その金で高額な武器を売り付ける。まさに、二重取りのボロ儲けである。

だから、〝かれら〟は別名〝死の商人〟と呼ばれる。

しかし、一向に気にする素振りもない。

「金利で武器で、金を儲けて何が悪い？」

これがフリーメイソンに巣食うユダヤ資本家の発想である。

●戦争は起きるのでなく起こすもの

〝かれら〟にとって、平和こそが、耐えきれない悪夢である。

武器が売れなくなる。軍事予算が減らされる。

〝かれら〟は常に、世界中に緊張、紛争、戦争のタネをまき続ける。

つまり……敵になりすまし、〝ヤラセ〟で味方を攻撃……事件、紛争をでっちあげる。

つまりは、マッチポンプだ。これは、別名〝偽旗《にせはた》〟作戦と呼ばれる。

戦争は起きるのでなく起こすものなのだ。

メイソン工作員パイクは、約二〇年をかけて、それを立証した。この輝かしい功績によって、彼は全世界フリーメイソンのトップ、教皇の地位に上り詰める。

彼についての呼称は〝黒い教皇〟……。

なぜなら、彼の発言、発想、行動が、極めて残忍で悪魔的だったからだ。

彼は過激な白人至上主義者だった。黒人を憎悪、軽蔑し、黒人狩りのための秘密組織も作った。それが、あのＫＫＫ（クー・クラックス・クラン）だ。

アメリカ映画などにも、ときに登場する白装束で不気味な覆面《ふくめん》の連中だ。

彼らは十字架を燃やし、黒人を掴《つか》まえ、情け容赦《ようしゃ》なく、リンチで血祭りにした。

このＫＫＫ創立者が、パイクなのだ。まさに、残虐な〝黒い教皇〟の名にふさわしい。

三つの大戦はこうして起こる！　パイク戦慄の予言

●極秘親書に記載された衝撃事実

「……一八五九年から一八七一年にかけて、パイクはフリーメイソンの世界秩序のための基本計画に取り組み、三つの世界大戦を含む『基本計画』を考案した」（『カナンの呪い』前出）

彼の名が世界を戦慄させた出来事がある。

それが、知る人ぞ知る「パイクの予言」である。

その予言（予告）の存在が、明らかになったのは、パイクがイタリアのメイソン首領マッツィーニに送った書簡による。一八七一年に発信された、この親書には驚愕の内容が綴《つづ》られていた。

そこには、これから将来、起こる三つの大戦を予言していたのだ。

①第一次大戦

「ツァーリズム（絶対君主制）のロシアを破壊し、その広大な土地をイルミナティの代理人の直接的管理のもとに置くために仕組まれる。そして、ロシアはイルミナティの目的を促進するためのお化け役として利用されるだろう」

――第一次大戦は、一九一四年に勃発。その最中にロシア革命が起こり、長らく絶対王政を敷いていたロマノフ王朝が崩壊している。

パイクの予言は、恐ろしいほどに的中しているのだ。

この大戦は、一九一四年六月、オーストリア＝ハンガリー帝国の皇太子夫妻がサラエボを視察中、セルビア人青年により暗殺された事件が引き金となり勃発《ぼっぱつ》している。まさに、パイクの予言どおりだ。ところが、その後、現地での裁判で暗殺者一味が、自分たちはフリーメイソンであることを自白。さらに、この暗殺計画は、セルビア・フリーメイソンにより練られていることも判明した。つまり、メイソン一味は、〝教皇〟パイクの『計画』を実行するために暗躍し綿密に実行したのだ。組織の命令に全てを捧げる。その結社の「黙契」の凄みには戦慄する。

②第二次大戦

「ドイツの国家主義者（ファッシスト）と、政治的シオニスト（ユダヤ人国家をパレスチナに建設しようとする人々）との間に生まれる圧倒的な意見の対立を利用して引き起こされる。最終的には、この戦争でファッシズムが崩壊し、政治的シオニストは増強し、パレスチナにイスラエル国家が建設される」

――一九三九年、ヒトラーのポーランド侵攻をきっかけに第二次大戦は火蓋《ひぶた》を切った。暴虐の戦火の下、世界中が焦土と化し、人々は血と涙に濡れた。一億人以上の人命が奪われ、ようやく大惨劇は終結に向かった。

一九四三年イタリア降伏、一九四五年、ドイツ、日本が降伏し、ファシズムは崩壊した。

●ヒトラーはメイソンだった？

このヒトラーという〝狂気の総統《そうとう》〟がメイソンであった、という記録は残されていない（当然だろう）。

しかし、『ヒトラーは英国の工作員だった』という著書で、研究家グレッグ・ハレットは、この戦争の目的を、次のように暴いている。

「……第二次大戦は、オカルト魔術師によって人類を退化させ、最終的には世界政府の下で奴隷化するために呼び出された一つの残虐な幻影である」（同書）

これは、イルミナティ人類支配の手法そのものだ。

ハレットの「ヒトラーが英国の工作員だった」……という主張は「引退した諜報員たち」の闇のネットワークの証言に基づいている。

さらに「ヒトラーは一九一二年二月から一一月、英国デヴィン州のタヴィストック英国軍心理作戦軍事教練所とアイルランドで〝洗脳〟され訓練を受けていた」という。

これら事実は、ヒトラー評伝を書いた史実家の著書からは、スッポリ抜け落ちている。

「……戦争機構は、戦争を必要としている。そして、それは彼らが——資金援助を受け、訓練され、そして支援された〝二重スパイ〟を、彼らの罪を着せられる者、彼らの繰り人形、そして、彼らの傀儡たる敵——を必要とすることを意味する」

ここでいう戦争機構とはイルミナティのことである。

ヒトラーの選民思想やオカルティズムは、まさにメイソンのそれである。

他方、ヒトラーは「フリーメイソン撲滅」「ユダヤ人狩り」を声高く唱えた。

それは、自らの真の役割を偽装するためだったのでは、ないか……。

ハレットは、スターリンも「もう一人のイルミナティの〝戦争エージェント〟である」と断言している。そして彼も「一九〇七年、タヴィストック英国軍心理作戦軍事教練所に参加した」という。さらに、クリフォード・シャックは「スターリンもまた、ロスチャイルドの非嫡出子であった」と示唆《しさ》している。

第二次大戦の二大立て役者ヒトラーとスターリンが、イルミナティの〝工作員〟なら、メイソンが自在に大戦を起こせたのも当たり前だ。

そして、第二次世界大戦は、まさにパイクの予言どおり起こり、そして終結した。

さらに驚嘆すべきは、パイク予言で「ファッシズムは崩壊、シオニズムは勝利し、パレスチナにイスラエル国家が建設される」としたとおり、史実は動いていることだ。

これは、メイソンが綿密に計画したシナリオが土台にあることを知れば、驚くほどのことはない。

③第三次大戦

「……シオニストとアラブ人との間で、イルミナティの代理人によって引き起こされるだろう。それによって、世界中に紛争が飛び火し、キリスト教に失望した大衆は、ルシファー（堕天使・悪魔）を信奉《しんぽう》するようになった結果、真の光を享受するだろう」

――ここで、パイクは、戦後、イルミナティがユダヤとアラブの対立を画策することで、第三次世界大戦が起こる、と堂々と名前を挙げて述べている。

まさに、〝黒い教皇〟の自信のほどがうかがえる。それまでの歴史も、予言どおりに展開している。

この予告も、戦後のイスラエル、アラブ諸国の対立を恐ろしいほどに的中させている。すでに、同地では第四次中東戦争の後にも、イラク戦争、シリア、アフガニスタン戦争……と戦争とテロが今も絶えない。そして、その緊張と紛争は世界に拡大している。

――以上を総括すると、パイク書簡に詳述されている内容は、もはや〝予言〟ではなく、完璧な〝予告〟なのだ。

書簡は、親しい身内のイタリア、フリーメイソン巨魁《きょかい》マッツィーニに、「重要機密」として内密に送達されたものだろう。だから、無論、公開など予定していない。

それが、どういう経緯か判らないが、パイクの意に反して、世に出てしまった。我々は、この書簡のおかげで、フリーメイソンという秘密結社は、世界大戦すら易々《やすやす》と起こせる悪魔的な力を持っていることを、知ることができたのである。

メイソンとしては、この書簡が明るみに出ることは、想定外だっただろう。

こうして、秘密結社の最大秘密は、一通の手紙で白日にさらされたのだ。

この衝撃的な書簡は、現在も、大英博物館に保管されている。

「南北戦争」中古銃が大量に幕末日本へ

●南軍だけで六〇万挺払い下げ

――これからは、パイクと「明治維新」との関わりを考察する。

その前に、「南北戦争」(一八六一年)と「明治維新」(一八六八年)を並べてみよう。

時期を比較すると両者には約七年の差がある。

フリーメイソンがパイクら工作員を使って「南北戦争」を起こした目的は、一にも二にも兵器の売上である。戦争こそ武器市場であり、ユダヤ資本にとっては稼ぎどきである。

「南北戦争」の戦争スタイルは、歩兵による銃撃戦である。

パイクが指揮した南軍兵士に支給されたのがエンフィールド銃だ。一八五三年、イギリス軍が開発している。弾丸が回転するライフル銃で、当時としては完成度が極めて高かった。有効射程は三〇〇ヤード（約二七〇メートル）。

「アメリカの南北戦争で南軍の主力銃として、大量に使用された」（ウィキペディア）

同解説で、見過ごせぬ記述が目に飛び込んできた。

「……戦後、六〇万挺が払い下げられた。また、海外にも輸出され、幕末の日本にも大量輸入された」（同）

六〇万挺といえば、ケタ外れの量だ。その一部は、まちがいなく幕末日本に輸出され、戦場で使われている。ちなみに、これらライフルは南軍払い下げ品のみの総量だ。

北軍は、別形式のライフルを制式採用していた。それが、スプリングフィールド銃。頑丈だったが、ライフル（銃身の溝）が三条と少なく、命中精度は南軍のエンフィールド銃に劣った。

●佐幕・倒幕派ともに大量購入

以下、幕末の兵器事情である。

「……江戸幕府は、幕末の元治元年（一八六四年）にオランダ製ミニエー銃を、採用した。しかし、当時は南北戦争が終結直後であったため、アメリカから余剰武器のエンフィールド銃が、約五万挺も輸入され、同時に幕軍に配備された。そのほか、佐幕派・倒幕派、双方の諸

藩も制式銃として購入・運用した」（同）

ここで、戦雲、急を告げる幕末の騒乱期、勤王側も幕府側も、先を争って、アメリカから「南北戦争」の払い下げ銃を大量購入していたのだ。

ここで、まず疑問に思う。果たして、日本側は、これら膨大なライフル銃が、「南北戦争」の払い下げ品と知っていただろうか？

「南北戦争」終結した後に、南軍だけで六〇万挺もの不用なライフル銃が出た。

これらは、もはや用途もない。まさに、タダ同然である。

それどころか、引き取り手すらなかったはずだ。

同胞同士殺し合いの銃は又もや同じ宿命に

●タダの中古を高く売り付けた？

これら、大量武器を、日本の革命軍、政府軍の双方に売り付けたのは英国マセソン商会だ。同社は、当時、世界最大の武器業者だった。ちなみに、日本に渡って、グラバー商会を設立したトーマス・グラバーは、同社の社員であった。

そして、いうまでなく、マセソン商会の代表、ヒュー・マセソンは英国屈指のフリーメイソンである。その忠実な部下であったグラバーも同様だ。

狡猾な武器商人であった彼らが、売り付けるライフルを、正直に「南北戦争の払い下げ」と出所を明かして売ったとはとても考えられない。

「それなら、タダ同然だろうが。安くしろ！」と買いたたかれるのは目に見えている。

おそらく、武器商人は、「南北戦争」払い下げ銃をタダ同然というより、逆に〝処分費用〟をアメリカ政府から取って（！）大量入手した可能性すらある。日本でも使い道のない中古品を引き取ってもらうとき、業者に手数料を取られる。それと同じことだ。

おそらく、マセソンやグラバーたちは、これら中古銃をきれいに磨いて、〝新品〟と偽って幕末志士や徳川幕府に売り付けた疑いが濃厚だ。

狡猾《こうかつ》なユダヤ商法なら、それくらいはやりかねない。

●幕末日本は格好の武器市場だった

かくして、「南北戦争」が終わった直後から、今度は、日本が中古兵器の一大市場となった。

「南北戦争」で火を吹き、同胞同士の大量の血を流したライフル銃は、今度は太平洋を渡って日本に届けられ、高値で売り付けられ、革命軍と政府軍の間で、またもや同胞同士に、おびただしい血を流させたのだ。その証拠は、記録に残っている。

「……戊辰戦争では、幕府軍も、新政府軍も、主力はエンフィールド銃で、戦跡から出てくるのは、ほとんどがプリチェット弾である。箱館戦争では、新政府軍の装備するスナイドル銃と連発式のスペンサー銃は全軍の五％にも満たなかった。箱館政府軍が武装解除したさいに、引き渡された装備の内訳は、エンフィールド銃一六〇〇挺に対し、スナイドル銃一〇七挺だった」（同）

これら記述から、幕末の戦場では、もっぱら南北戦争払い下げの銃が、大量に使用されていたことがわかる。

ちなみに、南北戦争では五年にわたる内戦で死者は六二万人にもたっする。フリーメイソンの企《たくら》みでこれだけの貴い人命が奪われたのだ。戦後、放出された中古銃は中国の香港、上海などに集まった。

一部は武器商人により幕府軍に納入され、戊辰戦争等で使われている。戦場で使われたライフル銃は「施条《しじょう》」が摩耗して、精度・距離ともに新品より格段に劣る。狡猾なメイソン武器商人が、その事実を正直に告げた、とは到底思えない。

他方、グラバーが龍馬の亀山社中を介して、薩長に納品したライフルは最新式ミニエー銃四三〇〇挺、ゲベール銃三〇〇〇挺。買い付け価格は九万二四〇〇両という巨費にたっした。

こちらは幕府軍の中古品より格段に性能は上回る。

「明治維新」は〝黒い教皇〟の次なる標的

●武器市場に幕末日本が選ばれた

私は、パイクこそがメイソン〝黒い教皇〟として、「日本に開国を迫らせた張本人」ではないか、と疑っている。

一八五九年、彼は米国メイソンの「大長官」（グランド・マスター）に就任している。

つまり、秘密結社の最高位に上り詰めたのだ。メイソンは、大統領の任命すら左右する権限を持っている。つまり、パイクは、この時点でアメリカ最高〝権力者〟となった。

そしてパイクは、幕末には全世界メイソンの最高地位の〝教皇〟にまで上り詰めている。

ついに、パイクは〝闇の組織〟の教皇の座に君臨したのだ。

そして、全世界のメイソン組織を束ね、フリーメイソン四大中央理事会を創立している。

それは、①北米支部（ワシントンＤＣ）、②南米支部（ウルグァイ・モンテビデオ）、③欧州支部（イタリア・ナポリ）、④アジア・オセアニア支部（インド・カルカッタ）。

これは、とりもなおさずメイソンがこれら地域の〝闇の支配〟確立を目論んでいたことの証しである。

そして、パイクが求めていたのは「南北戦争」に続く武器売り先となる新たな戦争である。

そこで、幕末の日本に目をつけた。

幕府という政府軍に対して、不満な諸藩を煽《あお》れば革命軍として蜂起《ほうき》するだろう。

すると、革命内戦が勃発する。これは、南北戦争の膨大な武器在庫処分にも、うってつけだ。

そこで、かつてのパリ秘密会議のごとく、黒い教皇として、世界の高位メイソンを集めて最高会議を開き、日本への開国要求と内戦計画を決定した。

かつて、「南北戦争」工作員として指名されたことと、同じやり方で、日本に幕末戦争を起こす。そうして、大量兵器を売りさばく……。

これが、〝黒い教皇〟のみならず、フリーメイソン中枢組織の総意だったと確信する。

……アヘン戦争（一八四〇～一八四二年）→南北戦争（一八六一～一八六五年）→幕末戦争（～一八六八年～）。さらに、これに加えるなら、日清戦争（一八九四～一八九五年）→日露戦争（一九〇四～一九〇五年）→そして第一次世界大戦（一九一四年～）→ロシア革命（一九一七年）へと続く。見事に順序よく〝計画〟されている。

三つの世界大戦を秘密裏に計画し、実行に移すことができるフリーメイソンにとって、これら小さな戦争を引き起こすことなど、造作もなかったはず。

極東の小さな島国に〝近代革命〟を引き起こすことなど、朝飯前だっただろう。

〝かれら〟にとって戦争は最大の〝金儲け〟であり、革命は最大の国家〝乗っ取り〟なのだ。

●酒池肉林、放蕩三昧の狂態

さて――。この堂々たる恰幅《かっぷく》の髭の〝教皇〟の人生は、どんなものだったのだろう。

ユースタス・マリンズ氏（前出）は、怒りをこめて、それを活写している。

……タイトルは「変質者アルバート・パイクの酒池肉林の聖祭」。

「……合衆国の歴史上、もっとも反逆的な人物の一人として挙げられるのはフリーメイソンの大立者アルバート・パイクだ」と告発の筆誅を下す。

「中流家庭の出だが、パイクはアーカンソー時代、無尽蔵《むじんぞう》の資金（どこから出ていたかは、いまだに不明）を持っていたようだ。見苦しく太った、変質者的趣味の持ち主パイクは、友人と売春婦からなる取り巻きを三台の荷馬車に分乗《ぶんじょう》させ、ブランデーの樽やら、入手できるかぎりの珍味、飲食物を積み込んで、山野を放浪した。そして数日間ぶっ通しで食べつづけ、野蛮な狂宴《きょうえん》に明け暮れ、世間に背を向けた」（『カナンの呪い』前出）

まるで、イタリアの映画監督フェリーニの映画の一場面を観るようだ。美食飽食のあげく、飲んだくれた姿は、決して幸せだったとは言い難い。酒池肉林、放蕩《ほうとう》三昧で狂態の限りをさらす〝黒い教皇〟は、明らかに狂っていた……。

ワシントンＤＣ、警察本部にはパイクの銅像が建っている。碑銘《ひめい》には「（ＫＫＫの設立など）……平和と愛と調和のため素晴らしい貢献をした……」と刻まれている。

第３章　〝碧《あお》い眼〟の諜報員たち

――操《あやつ》られた幕府、煽《あお》られた志士たち

ペリー提督はフリーメイソン大物であった

●娘はロスチャイルド一族と結婚

……マシュー・ペリー提督《ていとく》（一七九四～一八五八年、左写真）はフリーメイソンの大物で、彼の所属ロッジは、ニューヨークの「ホーランド・８」である。

その根拠は以下のとおり。

「ロスチャイルド家のイタリア・ナポリ支店のカール・マイヤー・ロスチャイルドの非嫡出子《ひちゃくしゅっし》にオーガスト・ベルモントという人物がおりました。

彼はフランクフルトのロスチャイルド本家の丁稚《でっち》上がりで、アメリカへ派遣されたロスチャイルド関係者です。

写真　マシュー・ペリー提督

　彼はロスチャイルドのアメリカでの代理人となり、アメリカにやって来ただけで〝ナゾの大富豪〟になります。彼こそが、ペリー提督の娘キャロライン・ペリーと一八四九年一一月七日に結婚した男でありますす」（ブログ『日本人の覚醒』kabukachan.exblog.jp)
　愛娘が全米一のロスチャイルド家代理人と結婚している。なら、ペリー自身も、まぎれもなくロスチャイルド（イルミナティ）の親密な〝関係者〟である。

●現在も両家は緊密関係にあり

「……一九世紀当時は、海軍は私掠船《しりゃくせん》（海賊船）まがいのもので、捕獲した相手の商船は自分たちのもの。大英帝国女王の海賊の気分であり、ペリー提督も、日本にやって来たのは請負で、航海費用も一部は提督自身のもので、その巨額の費用をサポートしたのが、フリーメイソン、またその奥の院であるロスチャイルド一族です」（同）
　これは、ペリー率いる黒船艦隊の渡航費用も裏ではロスチャイルド財閥が支援していた、という意味だろう。
「ペリー家とロスチャイルド家が結ばれた後、ペリー家は、ユダヤの戦争男爵ロスチャイルドに操られ、ペリー提督の末裔であるウィリアム・ペリーも、ロスチャイルドが支援するアメリカ民主党のクリントン政権下で国防長官となっています。ウィリアム・ペリーは、ディロン・リード銀行の社長・会長を一〇数年歴任してきましたが、ディロンが経営しているのが、世界最大のミサイル原料メーカー、ベクレルです」（同）

まさに、〝死の商人〟たちの華麗なる人脈である。

「オープン・ザ・ゲイト！」黒船の一斉砲撃

●泰平の眠りをさます上喜撰《じょうきせん》

幕末期、まず日本人を騒がせたのが、黒船来航である。

一八五三年（嘉永《かえい》六年）代将マシュー・ペリー率いる米合衆国海軍東インド艦隊の蒸気船二隻を含む艦船四隻（黒船）が突如、久里浜に来航。この海岸は砂浜で接岸できなかったので幕府は江戸湾浦賀に誘導した。

艦隊を率《ひき》いるペリーは、一七九四年、アメリカ、ロードアイランド州に軍人一家の四男として生まれる。海軍に進むや、その近代化に努め、蒸気海軍の父と崇《あが》められている。一八四六年、メキシコ艦隊司令官として対メキシコ戦争（一八四六〜四八年）で奮戦し勝利に導く。この戦いで、アメリカはニューメキシコ、カリフォルニア、アリゾナなど太平洋岸の領土を獲得、ハワイ、極東など太平洋進出の足掛かりを得る。

一八五二年、ペリーは日本との条約交渉のため、東インド艦隊司令長官に任命される。旗艦ノーフォーク号以下、四隻の軍艦で中国の香港、上海を経て浦賀《うらが》沖に来航、大砲一斉砲撃で、江戸の街を恐慌に陥《おとしい》れた。

――泰平の眠りをさます上喜撰《じょうきせん》　たった四はいで夜も眠れず――

これは、当時流行った有名な狂歌である。

蒸気船を、お茶の「上喜撰」に掛けて、黒船騒動を皮肉っている。

眠りがさめるのも当然。黒船艦隊は、砲門を開いて、度々、一斉の威嚇砲撃を繰り返した。轟《とどろ》く砲声に江戸市中がパニックに陥るのも当然であった。

「……開国交渉に応じないなら、実際に江戸城を砲撃する。さらに陸戦隊を上陸させる。上海からあと一〇隻、軍艦を派遣させる」

恐れ入った砲艦外交というより恫喝《どうかつ》そのものだ。

実際に、当時の江戸城の間近は海であり、集中砲火を浴びれば、灰燼《はいじん》に帰すことは確実であった。江戸幕府の将軍以下、重臣、役人らはその威力に震え上がった。

●捕鯨船保護は表向きの理由

浦賀に上陸したペリー一行は、「開港」を迫る大統領親書を浦賀奉行に手渡し、いったん退去した。国書には「友好・通商条約の締結」「米国籍船への石炭・食糧の補給」「難破船民の保護」の三点が要求されていた。

なお、知る人ぞ知る逸話に「ペリーの白旗」がある。

日本上陸にさいして、ペリーは二枚の白旗を徳川幕府に送った、というエピソードである。「降伏するなら、この白旗を掲《かか》げよ」という脅《おど》しだ。実際には、その一枚は上陸用船の白い天幕だった。遠征に同行したハイネの石版画で、それが確認できる。

「来春の再訪までに回答するよう」言い残し、そのわずか三日後にペリー艦隊は浦賀を後にした。そして、翌年、軍艦七隻を率いて、再び来航し、三月三日、神奈川で幕府との間に日米和親条約を調印した。

このペリー艦隊による黒船来訪劇は、幕府にとって、決して寝耳に水ではなかった。

すでに、長崎出島を通じて国交のあったオランダ政府は一八五二年、米艦隊が日本の開港を求めて中国基地を出港したことを、公文書で徳川幕府に伝えている。それに添えられた「和蘭風説書」には米艦隊の編成、提督がペリーであることなどの詳細が記されていた。

ペリーが持参した開国要求の表向きは「米国の捕鯨船への燃料・食糧の供給、難破船民の保護」だった。これは、もっともらしい表向きの理由だ。

●年間一万頭超クジラが犠牲に

一九世紀のアメリカが世界最大の捕鯨大国であったことは、あまり知られていない。

捕鯨の目的は、鯨油の確保だった。当時の照明は、もっぱらランプであり、その燃料の鯨油を求めて、おびただしい捕鯨船が海洋進出していた。そして、北太西洋の鯨をあらかた捕り尽《つ》くしてしまい、漁場は北太平洋に移っていた。最盛期の一八四六年には、なんと七三六隻もの捕鯨船が操業していた。そして、年間一万頭以上のマッコウクジラが犠牲となっていた。

ちなみに米国作家ハーマン・メルヴィルの傑作『白鯨《はくげい》』（モービィディック）は、この捕鯨船員と巨大鯨との死闘を実話を基に描いたものである。

当時の捕鯨は、あくまで鯨油が目的だったため、油を抽出《ちゅうしゅつ》した後の鯨の遺骸《いがい》は海洋に廃棄していた。そして、年間、一万頭以上の鯨が犠牲になった。凄まじい乱獲である。そんな歴史を持つアメリカが、今は、日本の捕鯨を攻撃している。少なくとも日本捕鯨は、鯨全体を活かす漁業だ。鯨油のみを目的とした当時のアメリカ側の捕鯨に比べれば、天と地ほどの格差がある。

さて——。ここまでは、アメリカ側が開国を求めた理由の通説だ。

開国要求は、「幕末戦争」への布石だった

●一八五九年、石油発掘に成功

私は、開港要求理由の「捕鯨船の保護」は、あくまで表向きの理由ではないか、とにらむ。つまりは、こじつけである。

なぜなら、当時、アメリカではすでに石油が発見されている。

その後、鯨油需要は激減、消滅していくからである。

具体的には一八五九年、エドウィン・ローテレンティン・ドレイクがアメリカ、ペンシルバニア州で世界初の石油発掘に成功。地下二一メートルから一日約三〇バレルもの〝燃える水〟を汲み上げたのだ。これは、日米和親条約が締結されたわずか五年後のことである。ドレイクが事業的に石油発掘に成功した、ということは、アメリカ大陸の地下に、大量の〝燃える水〟が存在することは、秘密結社フリーメイソンなら、とっくに秘密裏に知っていたはずである。

地面を少し掘っただけで大量の油が噴出する。

なら、命の危険を冒《おか》し荒波を越えて鯨を追いかけるなど、馬鹿馬鹿しくなる。

石油発見のニュースは、一撃で捕鯨産業を壊滅に追い込んだ。

だから、日米和親条約も、結局は空証文に終わった。その後、すぐに太平洋での捕鯨は凍結

している。だから捕鯨船への補給、救助うんぬんも、実際には実行されてはいない。

つまり、開国要求は、ていのいい理由付けだったのだ。

●日本に革命戦争を起こさせろ

なら、ペリーらが黒船で、泰平《たいへい》の世の江戸幕府に乗り込んで来た真の理由は何か？

アルバート・パイクの「戦争予定表」を見よ（参照63ページ）。

アヘン戦争↓南北戦争↓幕末戦争と、見事に計画（プログラミング）されている。

パイクは、国際秘密結社フリーメイソンの頂点に君臨する教皇である。

そして、第一次、二次、三次と三つの大戦まで「計画」している。

それらは、見事に寸分違わずに実現されている。なら、それにいたる小さな諸々の戦争、革命もまた綿密に計画していたことは、疑う余地はない。

だから、狙いは、アヘン戦争↓南北戦争↓幕末戦争だ。

メイソンは次なる革命戦争を極東の島国で起こさせるため、黒船艦隊を派遣したのだ。

まず、平和な泰平の眠りにある日本を、砲撃の轟きで叩き起こす。

次に、和親条約に続く、通商条約という無理難題をこめた不平等条約で、日本の富を吸い上げる。並行して幕府に不満を抱いていた地方の外様諸藩を焚《た》き付け、反幕府の不満を煽《あお》り、倒幕を焚き付ける。つまりは、反政府軍の育成である。

こうして、倒幕派を育てて、軍事援助により強化する。

他方、幕府側にも危機を煽り、軍事援助を行う。

つまり、革命軍、政府軍の両陣営に、大量の武器を売り込むことができる。

それには、南北戦争で払い下げられた、ただ同然のライフル等を素知らぬ顔で高く売り付ける。フリーメイソンお得意の二股作戦である。

●ジョン・万次郎もメイソンだった

さて、ここでペリーとともに日本に上陸した〝黒い眼〟の男をとりあげざるをえない。

それが、ジョン・万次郎である（上写真）。

彼は土佐の貧しい漁師の倅《せがれ》だった。

漁に出て、難破し、漂流しているところを、運よくアメリカの捕鯨船に救助される。

アメリカに連れていかれた万次郎は、財界人に手厚くもてなされ、エリート教育を施《ほどこ》される。

もともと聡明であった彼は、語学他を習得し、一知識人へと成長した。

彼は、なぜかペリー来航の二年前に、母国日本に

写真　ジョン・万次郎

戻される。そして、その語学力が幕府に高く評価され、日米修好通商条約の批准書《ひじゅんしょ》を交わすため、通訳として咸臨丸《かんりんまる》に乗り込み、渡米する。名もなき漁師の息子が、数奇な運命の末に、日米連帯の大きな掛け橋となったのである。

万次郎は、その功労により幕府から、旗本にまで取り立てられている。

その功績を称《たた》え、ジョン・万次郎の銅像が足摺岬に現存している。その左手には「直角定規」と「コンパス」が握《にぎ》り締《し》められている。いうまでもなくフリーメイソン二大シンボルである。

続々と上陸してきたメイソンたち

●全国各地にロッジを開設、拡大

幕末から明治にかけて、諸外国から陸続とメイソンたちが上陸している。

それは、次々に国内にロッジが開設されていったことからも判る。

すでに、一八〇五年以前にも長崎・出島《でじま》には「出島ロッジ」があった。続いて「横浜ロッジ」（一八六六年）「オテントウサマ・ロッジ」（一八六九年）、「兵庫・大阪ロッジ」（一八七〇年）、「日本ロッジ」（一八七一年）、「ライジング・サン・ロッジ」（一八七二年）……。

これだけではない。なんと、来航した英米の軍艦内にも、各々ロッジがあった、という。

それだけ来日した将校、兵隊たちもフリーメイソンだらけだった……ということだろう。

そして、駐留軍隊内にもロッジは存在した。その他、記録に残さない〝ダークネス・ロッジ〟も存在し、密かに活動していた。

世界に冠たる秘密結社なのだ。

「記録にない」から、「存在しない」という訳ではない。

個人も同じだ。「記録がない」から「メイソンではない」という訳ではない。

「……一昔前は、特権階級でなければフリーメイソンになれなかった。特権階級とは、貴族と政治家と企業家だ。彼らの興味はカネと政治。意気投合しやすく、ゆえにフリーメイソン組織が利用しやすかったのである」

「また秘密結社ということも重要だ。特権階級は常にカネを儲け、成長し、存続にこだわる。宿命だが、それには仕事上の秘密を伴う。この世に秘密を伴わない儲け話はない」

「……たっぷり稼ぐには、汚れた秘密結社の工作が不可欠であり、フリーメイソンの死んでも口を割らないという秘密を守る掟と誓約は、お互い共通の保険になる。互いに同じ穴のムジナであり、居心地がよい。これが真理だ」（加治将一『幕末　維新の暗号』）

●ロッジに蝟集《いしゅう》するメイソンリー

……明治初期の英字新聞『ジャパン・クロニクル』紙には、こう書かれている。

「奇妙なことに、神戸ではプロテスタントの礼拝集会よりも早く、フリーメイソンのロッジができていて、多くのメンバーを集めて集会も開かれた」

一見たわいない記事だが、長崎、横浜、神戸には古くから闇のロッジがあって、そこは欧米諜報員、倒幕派外国人のアジトになっていた……という風景がありありと浮かんでくる（『幕末　維新の暗号』（下）前出）。

その中枢《ちゅうすう》にいたのが倒幕〝御三家〟トーマス・グラバー、アーネスト・サトウ、そしてグイド・フルベッキだ（後述）。

加治将一氏によれば、秘密情報はロッジに集まり、全国のアジトに飛んで行った。その内容も、あらゆる分野におよぶ。幕府、朝廷、各藩の動き、上海の武器の在庫状況から各藩軍艦の係留港《けいりゅうこう》と行き先……などなど。

「ロッジというのは、政治家、官僚、民間人が忌憚《きたん》なく接触する場としてはまさにうってつけで、秘密結社の真髄《しんずい》はここにありという感じです。グラバー、サトウ、フルベッキの御三家がそれを活用しないわけがありません」（同書）

それどころか、幕末から明治にかけて、欧米諸国から日本に上陸した公使、公官、商人、学者、技術者、宣教師……など、そのほとんどがメイソンリーであったと伺える。

なぜなら神戸「ライジング・サン・ロッジ」には、ガワー神戸英国領事、そして、副領事もメイソン会員として加盟している。

記録によれば幕末から急激に同ロッジ会員が増えたために、それまでの建物が手狭《てぜま》になったほどだ。そのため、巨大なコリント様式のロッジ専用館を建てている。

この建築は今も現存している。

幕末に、秘密結社フリーメイソンは半ば白昼堂々と、その勢力図を日本列島全体に拡大していったのだ。

●外人墓地にはメイソンがゴロゴロ

横浜や長崎の外人墓地には、メイソン・マークが入った墓石がゴロゴロある。

日本に来た外国人は、全員メイソンではなかったか!? と錯覚するほどだ。

たとえば——。
▼キンダー（造幣局を指導）、▼フィッシャー（独、神戸開発に尽力）、▼アストン（英、外交官・文学者。サトウの親友）、▼ガウァー（英、長崎代理領事）、▼ブラック（英、英字新聞創刊）、▼ストーン（英、通信技術を指導）、▼サルダ（仏：建築家）、▼ハンター（英、造船技師）▼ベアト（写真技師）、▼エルドリッジ（米、医師）……。
これだけ、メイソンだらけ！ ならば、日本という〝国家操作〟という重大使命を帯びた商人グラバー、宣教師フルベッキ、公使パークスやサトウらがメイソンであったのは当然だろう。

ただし他の外人と異なり、重大密命ゆえに、それを隠す必要があったのだ。

龍馬の手紙、岩崎弥太郎の日記にも、あれほど親交のあったグラバーの名は一切ない。五代友厚《ごだいともあつ》、伊藤博文もグラバーの名を残さない。サトウの日記もそうだ。「グラバー邸で夕食」。それのみ。日記には同志フルベッキも一切登場しない。

まさに痕跡《こんせき》を消し去り、〝共通の秘密〟に触れない掟がそこには徹底して貫かれている……。

ハリスと唐人お吉　伝説の真実とは？

●病床のハリスに看護婦を求めたら

こうして、静かな平和を満喫していた江戸幕府は、無理やり開国に追い込まれた。

写真　タウンゼント・ハリス

国交が始まれば当然、公使館が開設される。
一八五五年、タウンゼント・ハリス（上写真）は、米国政府から日本総領事に任命される。ニューヨークを出港し、翌年、伊豆下田に上陸。当地の柿崎村、玉泉寺を仮の総領事館として着任した。ハリスは、その後、たびたび出府を幕府に要請しているが、ことごとく拒絶。

ハリスを伊豆に留めおきたい幕府の意向が伺える。ついに、心労からか胃病が悪化、吐血している。その病状を見かねたのか、下田奉行は、領事ハリスと部下ヒュースケンに看護婦の名目で、侍女の雇い入れを幕府に上申し、許諾《きょだく》を得る。そこで、ハリスのもとに遣わされたのが、その後、戯曲などで有名となった唐人お吉こと、斎藤きちである。

「……奉行の岡田備後守《びんごのかみ》は、ハリスの気勢をやわらげようとする下心から、同僚の井上信濃守と謀《たばか》って、ハリスを自邸にまねき、大いに歓待した。備後守は、酔いにまぎらせ、酒をのまないハリスに向かって、女を周旋《しゅうせん》しようと言い出した。副奉行の一人は、もし、好きな女があったら、それを世話するのは自分の役目であると言った。しかし、ハリスは、『東洋流の畜妾《ちくしょう》制度ほど理解しがたいものはない』という考えから別段、相手にならなかった」（『ハリス』坂田精一著、吉川弘文館）

意外である。

ここには、巷間、伝えられるハリス像とは、まったく異なる生真面目な一面がうかがえる。

●潔癖ハリス、お吉を寄せ付けず

俗に伝わる唐人お吉伝承の誤りを正すため、さらに引用する。

「……（ハリスの）身体は痩《や》せる一方で、病床につくことも多かった。万一の場合を考えて、秘書の年若いヒュースケンに後事を託するという有様であった。ハリスの病床の世話をしていたヒュースケンは、たまたま出入りの役人に看護婦の周旋《しゅうせん》をたのんだ。同時に、自分も、これに便乗して侍女を得ようとした。西洋流の看護婦について皆目知識のなかった役人たちは、これを情事と解し、待っていたとばかりにハリスとヒュースケンのために、閨房《けいぼう》の秘事の相手をつとめる女性を、下田の町家からさがしもとめた。その頃は、女は異人と接すると生き血まで吸い取られるという俗説があったので、異人相手の女を手に入れるのは困難だったが、ようやくのことで、ハリスには、お吉、ヒュースケンには、お福という女を見つけることができた」(同)

いかにも、幕末らしいエピソードだ。病床の看護婦を求めたのに、日本側は〝情婦〟とかんちがい。

さて、お吉とハリスの出会いと別れの顚末《てんまつ》は、あっけない。

「……(お吉は)船頭や船大工などの間に、媚《こび》をひさいでいた貧しい女であったが、役人の説得と、二五両という大枚の支度金につられて、総領事館であった玉門寺の門をくぐった」

「ハリスは、極端なまでに潔癖な性質だったので、お吉が酒色にすさんだ倫落の女であることを感知し、また脂粉にかくされた腫物《はれもの》を見て、ひじょうに不潔感をいだき、これを傍《かたわ》らに近付けなかった。そして、腫物の治療を口実に、わずか三日で家に帰してしまった。その後、お吉の方から、腫物は全快したから再勤《さいきん》させてくれ、と願いでたが、ハリスは取り合わず、支度金をそのままにして解雇を申し渡した」(同)

これが、「唐人お吉」伝説の真実である。

「われわれは楽園に害毒を持ち込んでいる」（ハリス）

●こんなにも素晴らしい理想郷

この一事をしても、ハリスの深い誠実な人柄がしのばれる。

それは、ハリスが来日以来、こと細かに記した日記でもはっきりわかる。

「……この美しい日本。非常に心の温かい文明化した国……」と賛辞を書き綴《つづ》っている。

「ゴミも落ちていない。子どもを皆が大事にする。お祭りを楽しみゆったりと生きている。足るを知る人々。こんなにも素晴らしい理想郷はない」（タウンゼント・ハリス著『日本滞在記』）

彼の眼には、まさに幕末の日本は、楽園（パラダイス）であった。

そして、彼は自問し、苦悩する。

「こんなにいい理想郷は、われわれが開国を迫り、別のルールを持ち込むことにより、東洋の楽園が壊れていくのではないか。そんなことはしたくない。仕事として、開国を迫らなくてはならないが、開国を迫った結果、この美しい理想郷が壊れ、この人情豊かな国民性が失われ、西洋と同じ、なんの変哲もない国になってしまうのは、耐えられない……できることなら、このまま、そっとしておきたい」

そのあまりの真情の吐露に、胸をうたれ、言葉をなくしてしまう。

ハリスは、下田に上陸した直後から、自分たちが、誤りを犯している……と自覚している。

●衣食住の完璧システムを破壊

一八五六年九月四日、玉泉寺に最初の領事旗を掲げた当日の日記である。

「厳粛《げんしゅく》なる反省――変化の前兆――疑いもなく、新しい時代が始まる。あえて問う。日本の真の幸福となるだろうか？」

ハリスは、二年後、下田に来泊した英国使節団の艦長に対して「日本人に対する、温かい、心からの賛辞」を述べている。そして「衣食住に関するかぎり、完璧にみえるひとつの生存システムを、ヨーロッパ文明とその異質な心情が破壊している」と非難している。

部下のヒュースケンは、有能な通訳としてまさに陰のようにハリスにつき従った。

その彼もまた、日記にこう記している。

「……いまや、私が愛しさをおぼえ始めている国よ……。この進歩は、ほんとうに、お前のための文明なのか？　この国の人々の質朴《しっぼく》な習俗とともに、その飾り気のなさを、わたしは賛美する。この幸福な情景が、いまや、終わりを迎えようとしており、西洋の人々が、彼等の重大な悪徳をもちこもうとしているように思われてならない……」

若く真摯《しんし》な米国青年の苦悩が、伝わってくる。

「……自分が、この国にもたらそうとしている〝文明〟が、日本古来のそれより一層高いものであることに確信をもっていた。しかし、それが、日本に、果たして一層多くの幸福をもたらすだろうか」「日本に対する開国の要求は――十分に調和のとれた政治が行われ、国民も満足している国に割り込んで、『社会組織と国家組織との相互関係を一挙に打ち壊すような』行為に見えた」（ヘンリー・ヒュースケン著『ヒュースケン日本日記』より）

我々は、かれらの真情を綴った日記を、じっくり読むことから、「明治維新」の問い直しをはじめるべきだ、と思う。

●七四歳 〝日本の友〟として眠る

ハリスがこれほど、心根がやさしかったのは、みずからが貧しい少年時代を送ったからであろう。さらに、ハリス兄弟の店はニューヨーク大火で全焼。さらに、その後も店は倒産の憂《う》き目にあっている。苦難の人生が弱者をみるやさしさを培《つちか》ったのだろう。

彼は一八六〇年、咸臨丸で渡米。任務の通商条約の批准書を交換している。その後、腹心の部下ヒュースケンが攘夷《じょうい》の志士に暗殺される、という悲運がハリスを打ちのめす。

この惨劇で英、仏、蘭の外交団は憤激、決起して幕府の責任を糾弾した。彼等は国旗を焼き捨て、江戸を退去してしまった。米公使ハリスの出方次第では、幕府は国交断絶にもなりかねない窮地《きゅうち》に追い込まれる事態だった。

しかし、ハリスは悲嘆の底にありながら、こう幕府に告げ、ひとり江戸にとどまった。

「……このように人心がなってしまったのも、私が二〇〇年来の鎖国を一変させたからである。それを進めてきた合衆国は、あくまで日本政府を助けて、開国の目的を達成させなければならない」

翌年、ハリスは当時のリンカーン大統領に、辞任・帰国許可を願い出る。大統領は、それを許可する旨の親書を送る。一八六二年、ハリス帰国。ときに五八歳であった。

一八六八年、アメリカ動物愛護協会の会員となっている。その人柄がしのばれる。

一八七八年二月二四日、死去。享年七四歳。

墓碑銘には、こうある。

「……外交官としての彼の全経歴は、派遣された国の人民に対しても、心からの尊敬の念を抱いていたことを証明しており、日本国民の権利を尊重したので、彼らから〝日本の友〟という称号を得た」

●消えた『ハリスの日記』の謎

ちなみに、ハリスがフリーメイソンだった、という記録はみつからない。

万が一、その会員であったとしても、彼は自らに正直に、真善に生きたように思える。

最後に付記を記しておく。

生真面目なハリスは、毎日、日記を綴ることを厭《いと》わなかった。

その日記は、歴史上も一級資料である。しかし……。

「……『ハリスの日記』は、(通商)条約調印のあたりで、終わっている。ハリスのような几帳面な人が、公使になってから日記を付けなかったとは考えられないが、死後それが発見されなかったというのは、謎であるとともに、史家の大きな嘆きとなっている」(『ハリス』前出)

そこには、おそらく〝闇の勢力〟にとって、「不都合な真実」が記載されていたのであろう。

それは、ハリスの死後、密かに〝回収〟されたものと思える。

英公使パークス巧みに勤王佐幕を操る

●公使館、大使館はスパイ巣窟

江戸時代の日本を理想郷と称賛し、自らを「楽園に害毒を持ち込む者」と、一人悩んだ米公使ハリスに対して、英公使パークスは、真逆であった(左写真)。

任期五年余りで日本を去ったハリスに比べて、パークスは幕末から「明治維新」にかけて一八年間も英国公使を勤めている。

正式名は、サー・ハリー・スミス・パークス(一八二八〜一八八五)。

サーの称号から、貴族であることが判《わか》る。

彼は巧みに勤王《きんのう》、佐幕《さばく》両派を操ってきた。いつの世も、大使館は諜報員の巣窟である。

大使以下、ほとんどの外交官は、本国より密命を帯びている。

それは、けっして口外してはならない厳命だ。諜報員は、外交官に限らない。渡来した学者、研究者、商人さらには芸術家や芸能人すら、じつはスパイとしての陰の顔を持っている。それは、安物のスパイ小説の話ではない。

これらは、外交における〝常識〟なのだ。そして、諜報員としてうってつけなのが秘密結社のメンバーだ。〝かれら〟は、その結社に属することを、死ぬまで口外しない（できない）。さらに、他の誰が会員であるかも、明かすことは、絶対に許されない。〝かれら〟は入会の秘儀で「秘密を漏らしたら、殺されることも厭わない」と確約させられている。

それは、「腹を裂かれ内臓を取り出されても守る」という黙約である。

だから、諜報員として、これほど適した人材はいない。

写真　サー・ハリー・スミス・パークス

とりわけ、〝かれら〟が暗躍するのが、革命期である。
一国の体制が崩壊し、新しい権力が確立する。そこに、食い込めば、新しい政権を掌中《しょうちゅう》に収めることができる。
まさに、革命こそ、秘密結社にとって、絶好の好機なのだ。

〝かれら〟にとって、それが「幕末騒乱」であり「明治維新」だった。

幕末日本の動きを差配《さはい》した英国公使パークスが、諜報員であることは、一〇〇%間違いない。フリーメイソンであったことも確実だ。当時も今も、英国王室は全員メイソンだ。

一七一七年、ロンドンにグランド・ロッジが置かれて以来、英国はフリーメイソンの総本山であった。アメリカ独立で、メイソン王国はアメリカに移ったが、一九世紀においては英国もメイソンの大きな牙城であった。

よって、パークスは英国ならびにメイソン代理人として、幕末日本を操ったのだ。

イカルス号事件で見せたパークスの狡知と手腕

●薩長を恫喝し一つにまとめる

勤王、佐幕両派も、その動きは彼の掌中にあった、といっても過言ではない。

その迫力の一端を示すのが「薩長同盟」と「イカルス号事件」だ。

この事件は、英国船イカルス号の水夫二人が、長崎の歓楽街で何者かに斬殺されたもの。

「……下手人探しに、パークスが乗り出す。そもそも、すでにここがおかしい。パークスは世界に冠たる大国、英国公使である。こう言ってはなんだが、殺されたのは花街で酔い潰れた下っ端の水夫二名。その犯人捜しに、公使自ら捜査員となって、長崎に乗り込み、奉行を怒鳴りつけ、取って返して大阪にいた将軍、慶喜を突き上げ、それから土佐に乗り込む、という八面六臂の大活躍である」（『龍馬の黒幕』加治将一著）

ちなみに、そのときの直属部下が通訳アーネスト・サトウである。

「やはり、パークスの動きはどこか異常だ。たわいない噂にしがみついて、自ら、土佐行きを買って出、部下のサトウでさえ、眼を白黒させるぐらいに後藤象二郎をこっぴどく叱りつけているのだ。はっきりいって理不尽なインネンである。パークスは寝技師だ。ただの出来心ではない。裏にはシナリオがある」（加治氏）

パークスの念頭にあったのが「生麦《なまむぎ》事件」だ。やはり、同様の英国人殺傷事件。リチャードソンという英国商人が、薩摩藩の行列と遭遇《そうぐう》し、斬り殺された。

英国は、これを好機に薩摩藩に対して、巨額な賠償金を求め、幕府をも責め、艦隊で鹿児島を砲撃し、薩摩の海岸を焼き払ったのだ。いわゆる薩英戦争（一八六三年）だ。

「手応えは抜群だった。薩摩は軍門に降《くだ》って、倒幕派の旗手になり、今や英国を同志と呼ぶような間柄である」

「長州もしかりだ。下関を砲撃した（一八六四年）後、ころりと親英になり、藩でまとまりすぎるほどまとまっている」（同）

ナルホド……パークスの因縁つけた強硬な抗議と恫喝に長州薩摩とも見事に屈服している。

ここぞと相手の弱味を突くメイソン流の悪知恵には、呆《あき》れるしかない。

こうして、薩長同盟は、パークスの意のままに締結された。史家の間では、龍馬が薩長同盟の締結に奔走《ほんそう》した……とあるが、その下地は、パークスらが、巧妙かつ完璧に仕上げていたのだ。

江戸城「無血開城」も後の大陸侵攻に備えて

●体力温存させ日清戦争に備える

パークスの深慮遠謀を示すのが江戸城無血開城である。

「……旧幕府軍が、戦わずして江戸城を手放したのには、これまたフリーメイソンがかかわっていた、とされている。実際、江戸城無血開城には、薩長同盟のときにも登場した当時の駐日英国公使ハリー・パークスの圧力があったことが明らかになっている」（『フリーメイスンの謎と正体』秘密結社の謎研究会著）

その圧力とは、このようなものだった。

「……パークスは、西郷率いる新政府軍が江戸城への攻撃を行おうとしていることを知ると、『恭順《きょうじゅん》・謹慎《きんしん》をしている無抵抗の徳川慶喜に対して、攻撃することは万国公法に反する』と激昂《げきこう》。西郷を震え上がらせた、といわれているのだ。つまり、メイソンの意向によって江戸城は無血開城となった」（同）

ここで、ひとつ疑問が沸《わ》いてくるはずだ。

パークスや後述の武器商人グラバーなどは、そもそも武器を売り付けるため倒幕派をけしかけて内乱を起こさせようとしていたはずである。それにもかかわらず、なぜパークスは内戦の火種となるはずだった江戸城攻撃を西郷に踏み止どまらせたのか？

その答えは、次のとおりだ。

「次なる世界との戦争をもくろんでいたからである。新政府軍と旧幕府軍が戦を起こせば、確かに武器を売ることはできるが、日本の国力を消耗させることになりかねない。そこで、血を流さずに、国家を統一させて、新たな外敵との戦いに備えさせた、というわけだ」

「そして、新政府は九四年に日清戦争をはじめるわけであるから、グラバーたちのもくろみ通りに進んでいったことになる」（同）

私も同意見である。できるだけ早く、日本を軍事国家に仕立てて、大陸侵攻をさせ、さらに大きな戦争をやらせる。そうすれば、武器輸出による売上利益は、幕末の小規模な内乱の比ではない。

こうしてみると、幕末から「明治維新」まで、その背後で巧妙に画策《かくさく》し、謀略を練ってきたのは、まぎれもなくパークスその人だった。

英公使パークスの狡猾《こうかつ》と暗躍は、正直で善良だった米公使ハリスの及ぶところではない。

パークスは、明治政府樹立後も、公使として滞在、日英の太いパイプ役として大きな影響力を発揮している。

碧《あお》い眼の三悪人、サトウ、フルベッキ、グラバー

●アーネスト・サトウは日系にあらず

英国公使パークスの部下として、活躍したのが外交官アーネスト・サトウ（一八四三〜一九二八年）である（左写真）。

写真は、二六歳当時のもの。なかなかの美青年である。ハリウッド映画のスター並みだ。

サトウという名前から、日英混血かとかんちがいする向きもある。

しかし、日本の血はまじっていない。

サトウという姓はスラブ系の希少名で、当時スウェーデン領生まれの父方の姓である。

日本名の佐藤とはまったく関係ないが、親日家のサトウは、この名をえらく気にいっていた。

日本名に佐藤という漢字を当て、自らも姓が日本人になじみやすい、親しみを得られやすいことに満足していた。

「日本人との交流に、大きなメリットになった」と言っていた、という。

日本には、一八六二年、一九歳のときに上陸している。それから、イギリス公使館の通訳、駐日公使、駐清使などを歴任。さらに一時、帰国はしているものの一八九五年から一九〇〇年

までの駐日公使の期間を併《あわ》せると、在日年数は計二五年間になる。

日本語を巧みに操ったというのも、当然であろう。

そして、日本名は、佐藤愛之助と自称した。

生涯独身だったが、日本女性、武田兼《カネ》を内妻に娶《めと》り、三人の子供にも恵まれた。

全て認知し、経済的援助も惜しまなかった。ちなみに、植物学者の武田久吉は次男である。

アーネスト・サトウはドイツ系の父デービッドと英国人の母マーガレットの三男としてロンドンに生まれる。

母の旧姓はメイソン。祖先が石工であることがわかる。

日本に憧れたのは少年の頃『エルギン卿遣日使節録』なる文献を読んだことがきっかけ。一八六一年、英国外務省（領事部門）に通訳生として入省。まず、清の北京で漢字学習を行い、漢字を習得。その後、英国駐日公使館の通訳生として横浜に着任している。

　若くしての抜擢だ。余程、優秀な青年だったのだろう。

写真　アーネスト・サトウ

●英国諜報員にはまちがいなし

著書としては『英和口語辞典』、『中部・北部日本旅行案内』（共に共著）。さらに、邦訳されたものでは『一外交官の見た明治維新』（上・下）（坂田精一訳、岩波文庫）、『日本旅行日記』（全二巻）（庄田元男訳、平凡社東洋文庫）などがある。

知的に聡明《そうめい》であり、記録魔でもあったことが、伺える。

さて――。

このハンサムで、日本語堪能《たんのう》な英国青年は、フリーメイソンであったかどうか？

いろいろな文献にあたってみた。

「……パークス公使に従い、通訳として薩英戦争、下関戦争に関与。そこで、薩摩の五代友厚や長州の伊藤俊輔《しゅんすけ》（博文）ら倒幕派との人脈ができる。幕府を援助するフランスに対抗して、イギリスは薩長を支援した。むしろ、積極的に倒幕をけしかけたといっていい。戊辰戦争にさいしても、列強の介入を防いだ。明治一六年（一八八三年）に日本を離れるが、同二八年には公使として来日、日英同盟の締結に尽力した」（『幕末・維新なるほど事典』小西四郎著、実業之日本社）

ここでは、サトウ、即、メイソンという説は出てこない。

しかし、英公使パークスと通訳として不即不離の関係を続けており、彼の影響下でメイソンとなった可能性は否定できない。

さらに、サトウも英国諜報員であったことは、まちがいないだろう。諜報員でなければ、これほど重要で長期の勤務、出世が達成できるはずもない。

●白人御三家とメイソンの接点

作家、加治氏（前出）は、グラバー、サトウ、フルベッキを「白人御三家」と呼んでいる。

「……白人御三家は、ひどく身近にフリーメイソンを置いています。グラバーは、さっきのグラバー邸にあるフリーメイソンの石柱、サトウには一生涯の親友アストがいる。彼は同じ英国領事館の同僚で熱心なメイソンです。そして、フルベッキは、長男のウイリアムが高名なこれまたメイソンという具合でありまして、三人が三人ともまとわりついているというのは、はたして偶然だったのでしょうか」

これは加治氏の小説仕立ての『幕末維新の暗号』（下）で主人公の歴史小説家、望月に語らせている。むろん、彼は加治氏の分身だろう。

英国領事官の親友が熱心なメイソンでも、彼がメイソンとは断定できない。

ただし、著書『一外交官の見た明治維新』は、明らかに倒幕の視点から書かれている。

徹底した攘夷論者であった孝明天皇が突然、崩御すると、たちまち巷に〝毒殺説〟が流れ、異常な速さで全国に広がっていった。

その理由の一つに、没後二週間も、その死が伏せられていた……という不審な点がある。

その死因をどう公表するか、宮内で混乱があったことは事実だ。
〝諜報員〟アーネスト・サトウも「他殺説」をとっている。
「この天皇は、外国人に対する譲歩なら、どんなものでも断固反体してきた。そこで、幕府が崩壊し、朝廷が否が応でも西洋文明との関係に入らざるを得なくなることを予見した人々によって、殺された、というのである。この保守的な天皇をもっていては、戦争をもたらす紛議以外は、なにも期待できなかっただろう」(『一外交官の見た明治維新』)
開国、倒幕を主導するパークスの直属部下であるサトウが、孝明天皇〝暗殺〟を歓迎するのも理解できる。
「重要な人物の死因を毒殺に求めるのは東洋諸国では、ごくありふれたことである。前将軍(家茂)のケースも一橋(慶喜)のために、毒殺されたという説が流れた」(同)
孝明天皇の〝暗殺〟については、本書第7章で、詳しく触れることにする。

サトウも龍馬も、英国諜報部員だった!?

●日記で消された龍馬の存在

さて、イカルス号事件をめぐって、サトウの日記には、不可解な部分がある。
高知の須崎《すさき》に「犯人を引き渡せ!」とパークスが英国の軍艦で乗り込んで来た。

この事件を口実に、土佐を屈伏させるのが、心底の狙いだ。その軍艦の目と鼻の先には土佐藩の小さな戦艦「夕顔」が停泊していた。そこに昼間、坂本龍馬が目立たぬように潜伏していた。彼は、土佐藩で「英国のスパイだ」という噂が流れていたため、顔を出すわけにいかず、船内に潜んでいたのだ。しかし、夜陰にまぎれて英国軍艦に乗り移り、通訳でパークスと同道していたサトウらと、議論しあった。

その場には、後藤象二郎もいた。

「……話は尽きなかった。サトウはロンドンの街を語り、政治をしゃべった。そして、(日本に)『議事院』(議会)をつくって、イギリス型政治体制を樹立したい、と語り合っている」(『龍馬の黒幕』加治将一著)

このときの活発な議論の様子を、サトウはこう日記に書き残している。

「……後藤と我々の話は幕府の悪口になった。……我々は今後も変わることのない友好関係を誓い合い……後藤はかしこい人間である。西郷をのぞくと、これまでに会ったどの日本人よりもすぐれている」(日記)

●スパイの名をばらせば重罪に

ここで不可解なのは、議論の輪の中にいたはずの肝心の龍馬の名前が、スッポリ落ちていることだ。

そして、その後パークスは軍艦で、須崎を離れる。別行動のサトウは部下とともに停泊中の「夕顔」に乗り込み、その船で長崎に向かう。同船には、土佐藩士、佐々木三四郎も乗船していた。

佐々木の日記には「龍馬と会って、楽しく話した」と記されている。龍馬も「夕顔」に乗っていたのだ。

「……ところが、このときもサトウの日記に龍馬は出現しない。いないのである。顔を会わせなかったのか？　『夕顔』が巨大船であったなら、それも考えられるが、たかだか長さ約六五メートル、幅八メートル弱の蒸気船である。船内は狭い。サトウが『夕顔』に移ったのは須崎港に停泊中のときである。三日間をそこですごし、さらに須崎―長崎間の丸々二日間が船内だ。すなわち計五日。甲板、トイレ、キッチン、まったく（龍馬を）見掛けないということは常識的にありえない」（『龍馬の黒幕』前出）

ここで、著者、加治氏は、サトウの意図をこう断言する。

「作為的に龍馬を消し去ったのだ。何度も言うが、諜報部員をバラせば、英国では機密情報漏洩罪という万死に値する重罪になり、絶対に書けない。残すべきものと、消し去るものを、サトウは心得ている。秘匿のプロ。だから、龍馬には触れなかったのである」

サトウも立派な英国諜報員（スパイ）であった、証しでもある。

スパイは絶対、記録を残してはならない

●メモもするな！　すべて暗記せよ

サトウの日記にも、不可解な点がある。

『一外交官の見た明治維新』（上・下）が、日本語に訳されたのは一九六〇年。それまで、歴史的に第一級の史料でありながら、明治、大正、昭和初期には、黙殺されてきた。

それは、日本の権力にとって不都合なことが書かれていたとは、いえまいか？

むろんスパイは書いてはいけないことは、たとえ私的日記であれ、絶対に書かない。

「スパイは、記録を残すな！」が鉄則である。メモすら、禁止される。すべて、暗記することを要請される。大映映画『陸軍中野学校』の冒頭シーンで、試験官役の加東大介が、主人公役の市川雷蔵と机を挟んで向き合っている。それから「向うを向き賜《たま》え」と背を向けさせ、机の上にあったコンパス、定規、消しゴム、懐中時計などをすべて片付ける。

それから、雷蔵に振り返らせ「この机の上に何があったか？　すべて言いたまえ」。

雷蔵は、淡々と「コンパス、定規、懐中時計……」と、記憶をたどる。そして、すべて正解。

「合格！」と加東大介が満面の笑みで握手する。

スパイは、記憶力が人並み外れていなければ勤まらない。

●御三家は互いに知らぬふり

「……薩摩の英国密留学の件では、グラバーとサトウが見事な連携プレーを見せています。それに伊藤博文、小松帯刀、西郷、いや海援隊の連中だって、倒幕白人御三家の間を足繁く往復しています。すなわち、グラバー、サトウ、フルベッキの間を行ったり来たりの三角関係ができ上がっている」(『幕末　維新の暗号』(下)前出)

御三家は、互いに熟知していながら、まったく知らぬふりをしている。だから、日記もいっさい互いの名前は登場しない。逆に、極めて不自然だ。それは、全員が諜報部員(スパイ)であり、フリーメイソンであったからではないか。

「知っているのに、他人を演じきった、ということです。サトウは領事館の人間で、諜報活動にどっぷりとのめりこんでいます。英国の評価では、日本の元首は将軍ではなく天皇であることを最初に示したのはサトウだとさえ言われています。非凡な才能を持った上級諜報部員。となれば、グラバーやフルベッキとの接触は諜報活動だから、イギリスの法律上、記録には残せられません」(同)

●グラバーもフルベッキもメイソン?

加治氏はさらにグラバーについても触れる。

「彼(グラバー)も英国民間諜報部員だったと、にらんでいます。在日上級英国公使館員ミットフォードは、晩年にこう言っています。『グラバーは大いなる協力者であった』とね。半端な諜報部員じゃなかった。だから自分を隠しました。スパイが生彩を放っちゃいけないのですよ。あくまで黒子。残るフルベッキはどうか、というと、これまたあやし過ぎます」(同)

かのフルベッキ写真の仕掛人も、大いに怪しいのだ。

「フルベッキは宣教師のくせに、自分を極端に隠しています。じっさい、『なにをやっていたのかは、自分でも言えない』と上司に報告しているくらいですから」

そして、同書は、フリーメイソンのマークを示す。

「……三人の共通点は、こいつじゃないか」

つまり、三人ともフリーメイソン！　これで、すべてが見えてくる。

●見事〝ジャパン・ハンドラー〟

白人御三家に共通するのは、三人とも幕末の日本社会に勤王佐幕派を問わず、驚くほど深く、長く、食い込んでいることだ。

そして、日本人側から広く深く頼られている。これは、工作員（エージェント）として必須条件なのだ。そして、サトウは外交官の特権を有していた。つまり、背後に大英帝国が存在する。グラバーは世界最大の武器商人マセソン商会の有能な社員だった。

長崎にグラバー商会を設立したのもマセソンの支持であることは、いうまでもない。

いかなる武器・兵器も自在に手配するグラバーは、勤王志士らにとって、たのもしい存在だった。フルベッキ写真（第4章）で一躍注目を浴びることになったフルベッキも、数多くの幕末の志士たちが、その下を尋《たず》ね教えを請うている。他方で岩倉具視などの公家や、幕府側の武士たちも、先を争って進取の情報を求めてフルベッキの下に参集している。

歴史研究家、鬼塚英昭氏は「フルベッキはロスチャイルドの一味であった」と断言している。つまりは、筋金入りのイルミナティだ。フルベッキは、後の明治政府一〇〇名余の岩倉使節団の「計画書」を立案するなど、明治政府を自在に操っている。イルミナティならではの辣腕《らつわん》だ。

さらに鬼塚氏は「大男の大室寅之祐《おおむろとらのすけ》を、睦仁《むつひと》親王とすりかえて、明治天皇に仕立てた張本人はアーネスト・サトウではないか？」と疑っている（第9章参照）。

こうして見ると、サトウ、グラバー、フルベッキの三人は、じつに見事な〝ジャパン・ハンドラー〟であったことがわかる。

これは、日本を手のひらに載せて転がす……という意味だ。

ちなみに、現在でもアメリカの〝ハンドラー〟たちが、日本を好きなように転がしている。時代は過ぎても、対外従属の根性と現状は変わらない。

ちなみに、親日家で諜報員でもあったアーネスト・サトウは、英国に帰国した後の最晩年は孤独に耐え兼ねて日本にいる内妻カネや子供たちへの愛情と思慕は深まるばかりであった。「家族」の居る日本に移住しようと願ったが、病に倒れて悲願は果たせなかった。

はるか英国より、日本の家族宛てに日本語の手紙を数多くしたためている。その愛情の深さが伝わってくる（手紙は「横浜開港記念館」所蔵）。一九二八年、病没。享年八五。

サトウは、子煩悩《こぼんのう》な父親であった。次男、武田久吉をロンドンに呼び寄せ、一級の植物学者として育て上げ、長男の栄太郎にも支援を惜しまなかった。栄太郎は、渡英後、アメリカ、コロラド州に移住。農業に従事し〝アルフレッド・T・サトウ〟を名乗り、現地で妻《めと》を娶り、サトウダイコンの開発者として名を残している。

グラバー邸に夜な夜な集う怪人たち

●徳川幕府を倒した男グラバー

『徳川幕府を誰が倒したか？』と問われれば、『それは私だ』と、答える他ない」

これは、だれあろう、トーマス・グラバーの台詞だ。

グラバーは、長崎のグラバー邸で日本人にも広く知られている。

昨今は、観光案内のガイドすら「グラバーさんは、秘密結社のメンバーでした」と観光客に笑顔で案内しているくらいだ。グラバー邸には、それを証明するかのように、フリーメイソンのマークを刻印した石柱が立っている。

彼が筋金入りのメイソンリーであったことは、まちがいない。

写真　トーマス・ブレーク・グラバー

グラバーは、歴史作家、加治将一氏が『龍馬の黒幕』で、フリーメイソンとして龍馬を操った男……と指摘し、歴史愛好家たちに衝撃を与えた。

それまでは、司馬遼太郎の『竜馬がゆく』で描かれた快男児、龍馬像が固定化していた。

それが、秘密結社の「走り使いだった」とこき下ろされたのだ。

龍馬崇拝者にとっては、天地がひっくり変えるほどの驚愕であっただろう。

本名、トーマス・ブレーク・グラバー（一八三八～一九一一年）。スコットランド出身の武器商人である（右写真）。

スコットランド、沿岸警備隊の一等航海士を父に八人兄弟姉妹の五人目に生まれている。

一八五九年、二一歳のときに上海に渡り「ジャーディン・マセソン商会」に入社。同社は、当時、世界最大の武器輸出会社であった。ここから、グラバーの武器商人としての第一歩が始まる。同年、開港後まもない長崎港に移る。

マセソン商会の社長ヒュー・マセソンは、英国フリーメイソンの中心的存在であった。

なにしろ、マセソンは英国一の富豪と称されるほどの勢力を誇っていた。

そのマセソンに重用され、若干二一歳で新しい日本市場を任されたのだ。マセソンが、いかにこの青年の能力を買っていたかが伺い知れる。「コイツは、若いが使える奴だ」と信を得たのだ。来日、二年後に、グラバーはマセソン商会の長崎代理店としてグラバー商会を設立。貿易事業を開始した。

写真　グラバー邸

●大砲を据えたグラバー邸の威容

一八六四年、グラバー邸《てい》は、長崎港を一望する丘の上の一等地に建設されている（上写真）。

二四歳の若者が建てたにしては、あまりに豪勢にして豪華すぎる洋館である。さらに、訪れた人は、その異様な装備に驚くだろう。なんと、その庭先には幾門もの大砲が据えられているのだ！

つまり、それは邸宅というより要塞であった。

さらに、近所の人々は声を潜めて、噂し合った。

「グラバー邸には、何かがおるとヨ」

近隣の素朴な住民たちにとって、突如、出現した異様

写真　天井裏の隠し部屋

な〝要塞〟には肝を潰し、恐怖におののいたことも想像に難くない。

「……噂が噂を呼び、『子どもがさらわれた』とか、『女がかどわかされた』という囁《ささや》き声も聞こえてくる。外国人を取り締まる長崎奉行所の役人でさえ近付かない」

「それでもうっかり近付くと、どこからかともなく、鉄砲の弾が飛んで来るのだ。奉行所が抗議する。これに対して、グラバーが笑いながら『鳥は撃つが、それ以外はまだない』」（『龍馬の黒幕』前出）

　グラバー邸といえば、天井裏の隠し部屋が有名だ（上写真）。

　ここで、グラバーは坂本龍馬や伊藤博文など幕末の志士たちと密議を重ねた。その他、様々な怪しい異人たちも、人目を忍んで夜な夜な邸を訪れた。そして、邸宅に近付けば、銃撃で脅し、庭には長崎港に向かって砲口が睨んでいる。近隣の人達が、その不気味さを噂するのも当然だった。

留学生を大量渡英させメイソン会員に

●坂本龍馬も手玉に取り利用

グラバーはマセソン商会の代理店のみでなく、世界的な保険会社ロンドン・ロイズやオリエンタル銀行の代理人にもなっている。つまり、商社のみでなく保険・金融部門も独占したのだ。まさに、手八丁のやり手だ。ヒュー・マセソンが見込んだだけの切れ者だ。

ただし、二一、二歳の若者が、これら〝信用〟を得たのは、まぎれもなくメイソン会員だったからだろう。さもなければ徒手空拳の弱輩には逆立ちしても無理な話だ。

こうして、幕末で倒幕に傾く外様《とざま》大名たちを相手に、手広く商売を始めた。

「……近代貿易を知らない薩摩、長州、土佐に食い込み、軍艦、武器を売り始める」

「薩英戦争直後には、英国と薩摩の間を取り持って、たちまち薩摩藩の軍事顧問的ポジションに収まる」

「また、坂本龍馬に入れ知恵し、亀山社中の実務は、ほぼグラバーが取り仕切った」(『幕末維新の暗号』加治将一著)

亀山社中は日本初の商社だが、まぎれもなくメイソン、グラバーの〝ダミー〟そのものである。その巧みな偽装工作に龍馬たちは使われたのである。

こうして、グラバー商会は飛ぶ鳥を落とす勢いで隆盛を極めた。最盛期には、社員は西洋人一七名、中国人、数十名、日本人労働者は数百名にたっした、という。

さらに、グラバーは、諸藩の若侍たちの英国留学も采配した。長州藩からは伊藤博文、井上馨など、いわゆる「長州ファイブ」を、渡英留学させ、マセソンの豪邸に寄宿させている。

薩摩藩にいたっては、五代友厚ら二〇名を超える留学生を英国に送り込んでいる。

それらは一商人として、できる技ではない。これら留学斡旋にはパークスやサトウらの英国公使館の協力が不可欠だった。さらに、留学生たちは、（おそらく）ことごとくフリーメイソンに参加し、感化されて帰国している。つまり、グラバー、パークス、サトウらによる日本留学生の英国への大量送置の真の狙いは、維新日本に対するメイソン支配貫徹であったことは、まちがいない。

ちなみに仇敵同士と睨み合っていた薩摩、長州を和解させ同盟に結び付けたのは、坂本龍馬の手柄……というのが通説だ。しかし、背後で策動したのがパークスでありグラバーなのだ。

グラバーは『回顧録』で、後にこう述べている。

「……薩摩、長州の間にあった壁をぶち壊してやった、ということです。これが私の一番の手柄です」それが倒幕につながった。だから「幕府を倒した張本人は自分だ」と言っているのである。

●日本の財閥はメイソンが育てた

グラバーは、日本国内に自らの息のかかった財閥も育成している。

それが、三菱財閥である。そこで目を付けた男が岩崎弥太郎だ。彼に貿易業務を指南し、さらに三菱造船ドッグを建造した。さらにキリンビール設立にも着手。これらは、岩崎が創設した三菱財閥の所有とみなされている。しかし、それをバックアップしたのはグラバーなのだ。晩年、グラバーは三菱の顧問に収まっているが、当然の待遇だろう。

以上の経過から岩崎弥太郎もメイソンリーであることは疑う余地はない。

メイソンに入会したからこそ、グラバーの親身になった支援を得ることができたのだ。

三菱だけではない。日本の大財閥は、ことごとくメイソンにより育てられた、といって過言ではない。加治氏が、その内実を小気味よく暴いているので紹介する。

「……ジャーディン・マセソン商会は、清国にアヘンを売って財を築いた巨大な英国商社、東インド会社をいわば引き継いだかたちで登場した国策会社である。むろん、アヘンも売っている。その後、共産主義国家に変貌したチャイナに今なお、深く刺さり続けているという化け物でもある。麻生太郎首相（元）の祖父は吉田茂だが、その養父、吉田建三はジャーディン・マセソンの横浜支店長であった。ちなみに三井物産を創設し、日本経済新聞（当時は中外物価新報）を創刊した益田孝は、幕末期、アメリカ領事館（麻布善福寺）で働いている」「……なんのことはない。みな英米にぶらさがって、首相だ、三井だ、三菱だ、日経新聞だ、と言ってい

るのである」(『龍馬の黒幕』前出)

ちなみに、岩崎弥太郎は五三歳という若さで死んでいる。死因は胃ガンだった。

その原因は、大酒を飲み続けていたからだ、という。

「岩崎弥太郎は、権威すなわち権門に連なることを目標していた。二人の総理大臣に娘を嫁がせている」

「後藤象二郎と血族となり、出世の階段を昇り、ついに日本一の富豪となった。何がどのようにして富を創造するのかを最もよく知っていたのは彼であった」(『日本の本当の黒幕』(上)鬼塚英昭著)

……しかし、大酒の酒池肉林の贅沢三昧で早死にしては、いったい何の為の人生か？　と言いたくなる。死んで花実が咲くものか。

グラバーは、数少ない評伝『グラバー史談』でこう述べている。

「徳川政府の反逆児の中でも、自分がもっとも大きな反逆人であった……」。そして、ポツリこうもらしている。「自分には歴史はない」「自分の名前は出さないように」とインタビューを締めくくっている。やはり、用意周到な秘密主義の諜報員だ。

グラバーは日本人女性との間に長女・ハナ、長男・倉場富三郎を得た(右写真)。

富三郎は、父親ゆずりのその風貌から、戦時中よりスパイ容疑をかけられ、近隣からの

写真　倉場富三郎

誹謗中傷《ひぼうちゅうしょう》に苦しめられた。そして、日本敗戦直後一九四五年八月二六日、午前四時頃、洗濯物の紐を首に巻き、自死。享年七四だった。

幕末を操ったロスチャイルドの二股作戦

●ワーテルローの戦いで資産二五〇〇倍

フリーメイソンによる幕末維新の支配を語るとき、ロスチャイルド一族を避けてはとおれない。ロスチャイルドこそロックフェラーと並ぶメイソン中枢組織イルミナティの二大巨峰である。

ロスチャイルド家は、すでに一九世紀初頭には、欧州最大の財閥であった。

当時、ロスチャイルド一族は、五人の兄弟がヨーロッパ各地の銀行に配属され、欧州一の金融ネットワークを築いていた。イギリスを任されていたのが三男、ネイサン・ロスチャイルドだ。そして、一八一五年、ワーテルローの戦いが勃発する。ヨーロッパ天下分け目の決戦と呼ばれる。ナポレオン率いるフランス軍とウェリントン将軍率いる英国連合軍が、ベルギー郊外のワーテルローで激突した。当時は電信など通信技術はなく、伝書鳩などに頼るしか手段はなかった。しかし、ぬかりのないネイサンは六頭立て高速馬車や伝書鳩を用いて、英軍大勝利の一報を、ロンドンにて誰より早く得ていた。

そして、証券取引市場が開くや、ネイサンは顔面蒼白で現れ、手持ちの国債を全て売却した。それを見て投資家たちは狼狽した。大財閥ロスチャイルドが国債を投げ売りした。恐らく、英軍は大敗したに違いない。恐慌に陥った投資家たちは、先を争って国債を売りに出した。

こうして、国債価格は五〇分の一以下に暴落したのだ。

すると、午後になるや、ネイサンは部下たちに一斉に国債を買いあさらせた。

……夕刻、英軍の大勝利の知らせが届く。だまされた——と投資家たちがホゾを噛んでももう遅い。これが、後に語り伝えられるロスチャイルドの大芝居である。

こうして、ロスチャイルドは資産を二五〇〇倍に増やしたといわれる。

同時に、欧州の財閥で破産したものが続出した。ロスチャイルド一族の奸智《かんち》には、ただただ舌を巻くほかない。こうしてロスチャイルド一族は、世界最大の財閥となり、二〇〇年にわたって世界を影から支配してきた。その威光は隠然と続いている。

革命と戦争は〝やつら〟の計画で起きる

●望めばいつでも起こせる

五人兄弟の母親グートレ・シュナッパーは、歴史に残る名言を吐いている。

「私の息子たちが望まなければ、戦争が起きることはありません」

これは、ぎゃくにいえば、ロスチャイルド兄弟が望めば、いつでも、どこでも、戦争が起こせる――という意味なのだ。

いうまでなく、ロスチャイルド一族はユダヤ財閥で、フリーメイソンの三三位階の最上位一三氏族の中枢を占める。むろん、イルミナティの最高権力者である。

「……近代における世界中の戦争はすべて、彼女の言葉通り、彼女の息子たちが支配する国際金融権力によって、立案され、計画されました。当事国に必要な『資金と武器』の供給にいたるまですべての支援を受け、意向を受けた政治家が、両国に配されます。戦争は、用意周到に、意図的に起こされてきました」（ブログ『THINKER』日本人が知らないニッポン）

アルバート・パイクの三つの大戦の予言（予告）がしかり。さらに、フランス革命、アヘン戦争、南北戦争、幕末戦争……さらに、日清・日露戦争、ロシア革命……と、連綿と続く革命と戦争の騒乱……それらは、すべてロスチャイルド（イルミナティ）によって「綿密に計画され」「周到に実行されて」きたのである。

これら真実に「陰謀論は聞きたくない！」と耳を閉じるのも自由である。

この本を閉じるのも自由である。

人間には愚者になる〝権利〟もあるのだから……。

見ざる、聞かざる。言わざる……それも、人生かもしれない。

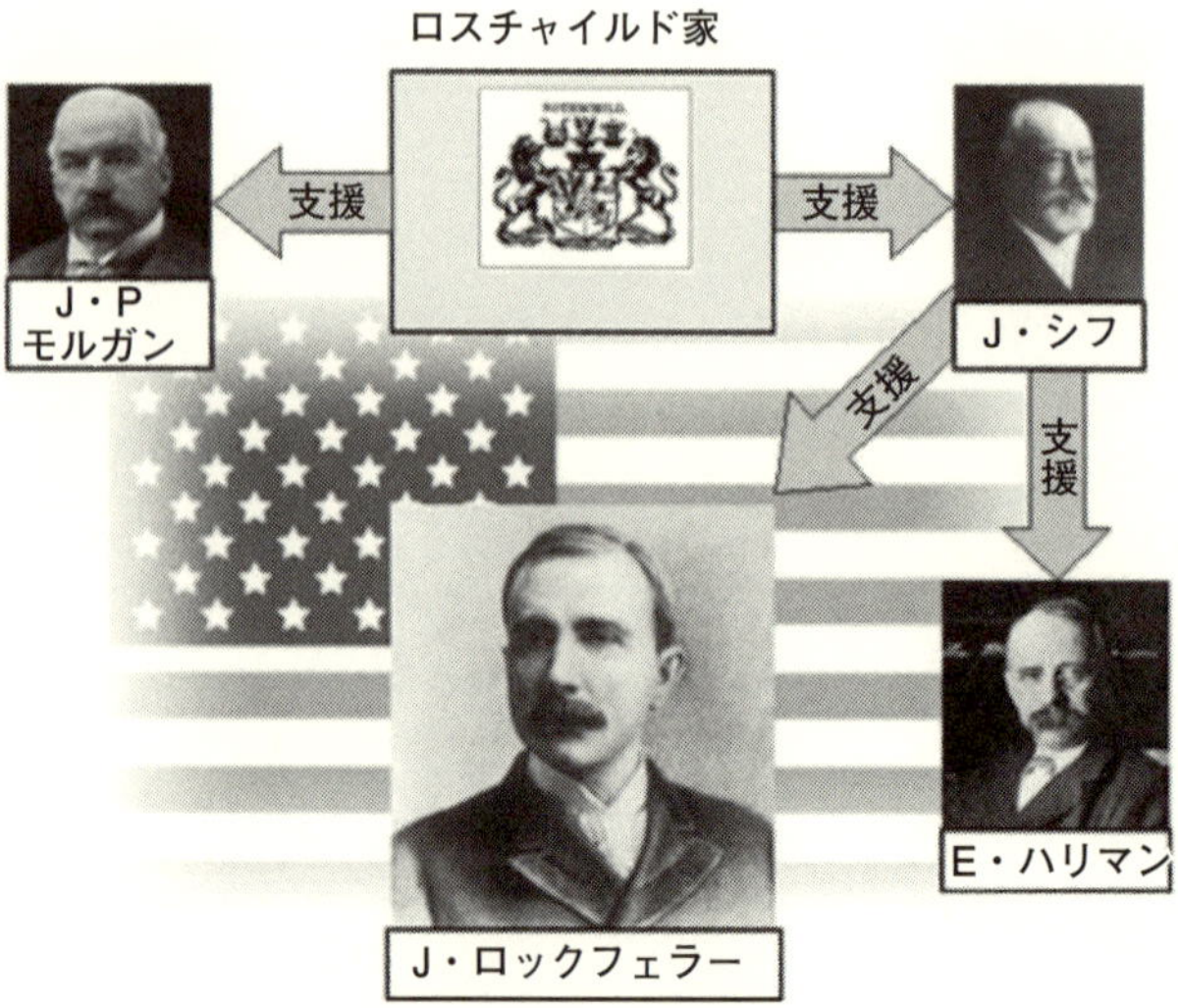

図　ブログ「THINKER」より

●明治維新の黒幕は外国勢力だ

世界最大財閥ロスチャイルド家には、忠実な部下や番頭《ばんとう》がいた。

それが、J・P・モルガンやJ・シフである（上図）。彼等はロックフェラーの指示の下、さらにJ・ロックフェラーやE・ハリマンに資金援助した。

こうして強固な金融世界支配を貫徹したのだ。その支援に応え、J・ロックフェラーは石油王に、ハリマンは鉄道王として大成する。さらに、弟子のロックフェラー一族は、世界の医療利権を独占し、親分のロスチャイルドに次ぐ財閥に成長している。

では、ロスチャイルド財閥が、幕末から維新にかけて、いかに、暗躍したか？

それを示すのが左図だ。

中央に維新の大立者グラバーが胸を張って

図　ブログ「THINKER」より

いる。

維新は倒幕側と幕府側の対立で、なされたように考えられている。これはまったくの間違いである。それは、闇に隠れた外国勢力（グラバー、パークス、サトウ、フルベッキなど）に操られ、彼等により売り付けられた外国製武器によって達成されたのだ。

はっきり言ってしまえば、維新を成し遂げたのは、維新の志士たちではない。かれらを操った〝外国勢力〟すなわち国際秘密結社フリーメイソンによる狡猾な陰謀で為された。

この具体的な根拠は、これまで述べたとおりである。

「それは、陰謀論」といって、頭から降り払う。すると、そのため、歴史の真実が見えなくなるのだ。

勤王はイギリス、佐幕はフランスが支援

●二股支配のマッチポンプ策略

ロスチャイルドが戦争や革命をしかける手口は、実にシンプルだ。

それが、二股支配である。日本の幕末戦争にも同じ手口が使われた。

まず、英国のロスチャイルド家から、英国の武器商人（マセソン、グラバー）を通じて「資金」「武器」が貸し付けられる。つまり、高利で資金を貸し、その資金で高価な武器を売り付ける。すると「金融」「武器」二重の儲けとなる。

こうして、当初の計画通り、「維新軍」に勝利させる。維新軍は明治新政府に移行する。

初代、内閣総理大臣は、まぎれもなくメイソンリーだ。

明治政府は、借金の返済、武器の供与で、ロスチャイルドに永久に支配され続ける。

戊辰戦争を、ロスチャイルドがいかに巧みに操ったかを示すのが左図だ。

薩長・新政府軍にはイギリス・メイソンがお金、武器を売り付ける。

他方、幕府軍にはフランス・メイソンがお金、武器を売り付ける。

これが、お得意の二股支配だ。いずれも、資金源はロスチャイルド一族なのに、そのカラクリに新政府軍も幕府軍も気づかない。

この手法は、維新前の倒幕派（英メイソン支援）、佐幕派（仏メイソン支援）の対立にも、使われた。子どもでも気づきそうなマッチポンプだが、幕末両陣営は、こんな単純な仕掛けにも、気づかなかったのだ。

●幕末はスパイ暗躍天国だった

こうして、幕末から明治にかけて、まさに近代革命「明治維新」は、海外からの多数のスパイ（諜報員）たちの暗躍により、操られ、成し遂げられたのだ。

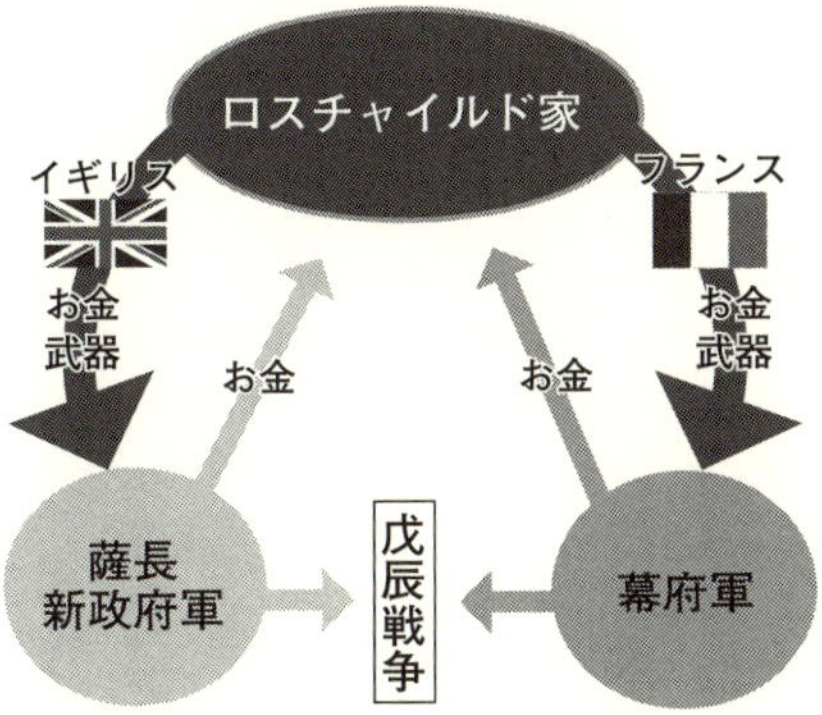

図　ロスチャイルド家と戊辰戦争
ブログ「THINKER」より

幕末、日本に駐在した英外交官ミットフォードは、著書『英国外交官の見た幕末維新』（講談社学術文庫）の中で、こう述懐している。

「……当時の日本ほど、完全にスパイ活動を行った国はないだろう。……その技術は、芸術の域にたっしていた。日本の官吏は、その位がどうであれ、一人で仕事を進めることはできなかった。〝お目付け役〟が影のように彼につきまとっていたからである。誰もが信用されず、我々も同様に（彼らは）〝お目付け〟を連れなければ一歩もあるけなかったことは、驚くに値しない」

ここまで日本は、外国勢力に見下されていたのである。

情けない限りである。

英国のハモンド外務次官は、在日公使パークス宛の公式文書で、こう指示している。

「……日本においては、体制の変化が起きているとすれば、それは『日本人だけから端を発している』ように見せかけなければならない」（一八六六年四月二六日）

歴史の陰に身を潜める用意周到さ、狡猾さである。

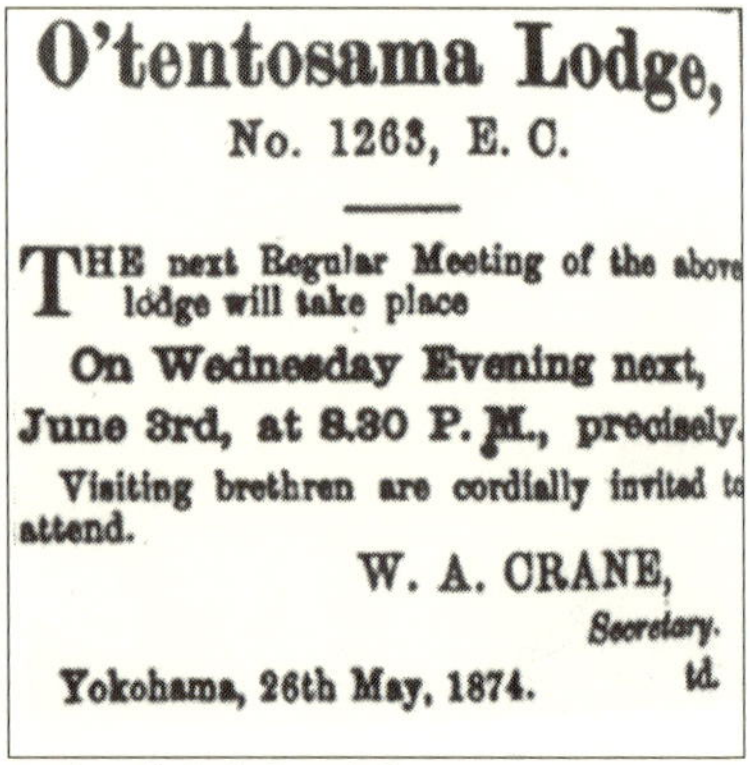

O'tentosama Lodge,

No. 1263, E. C.

THE next Regular Meeting of the above lodge will take place

On Wednesday Evening next, June 3rd, at 8.30 P. M., precisely.

Visiting brethren are cordially invited to attend.

W. A. CRANE,
Secretary.

Yokohama, 26th May, 1874. td.

写真　集会案内の広告

スパイたちの総元締めが秘密結社フリーメイソンである。

幕末、明治にかけて、日本にもロッジが幾《いく》つもあった。

外人向け新聞『ジャパン・ガゼット』（一八七四年五月二六日）には横浜「ニッポン・ロッジ」や「オテントウサマ・ロッジ」の集会案内の広告が堂々と載っている（右写真）。

幕末日本はメイソンだらけだった。

「当時の日本では、スパイ活動は芸術の域」とは……！

ミットフォードは、独り立ちできない日本人を肚《はら》の底で笑っている。自らの頭で考え、脚で歩けない、外国頼りの日本政府。それは、悲しいことに今でも変わらない。

日本人には、「世界は底知れぬ陰謀で動かされている」……という「陰謀史観」が決定的に欠落していたからだ。

それは、そっくり、現代の日本にも通じる。〝かれら〟の名前を口にすることは、現代ですら、いまだ、タブーなのだ！

今も日本人の無知は、底無しである。

まさに――無知は罪である。知ろうとしないことは、さらに深い罪なのである。

第4章　維新の群像　フルベッキ写真の虚実
——志士〝洗脳〟の決定証拠がメイソン本部へ

志士たちの群像だ！　いや、捏造された偽物だ！

●いまだ続く熱き真贋論争

これほど、真贋論争のかまびすしい写真も珍しい。

フルベッキ写真……（左写真）。

見た記憶の方もいるだろう。いわゆる古写真である。中央に外国人親子。それをとりかこむようにして若い侍たちが写っている。総勢四六人の集合写真だ。

中央のスーツ姿の外国人がフルベッキ。左は長男ウイリアム。そして、その周りの若侍たちこそ、幕末の志士たちである……と主張するのが「本物派」である。

後年、写真に被写体全員の氏名が書き込まれ、「維新の英傑《えいけつ》が一同に会した」記念写真とされたため、大論争を巻き起こした。

1 勝海舟
2 中野健明
3 中島信行
4 後藤象二郎
5 江藤新平
6 大木喬任
7 井上肇
8 品川弥二郎
9 伊藤博文
10 村田新八
11 小松帯刀
12 大久保利通
13 西郷隆盛
14 西郷従道
15 別府晋介
16 中村宗見
17 川路利良
18 黒田清隆
19 鮫島誠蔵
20 五代友厚
21 寺島宗則
22 吉井友美
23 森有禮
24 正岡隼人
25 陸奥宗光
26 中岡慎太郎
27 大隈重信
28 岩倉具綱
29 ウィリアム
30 フルベッキ博士
31 岩倉具定
32 高杉晋作
33 横井小楠
34 大村益次郎
35 桂小五郎
36 江副廉蔵
37 岩倉具経
38 岩倉具慶
39 広沢真臣
40 明治天皇
41 岡本健三郎
42 福島種臣
43 坂本竜馬
44 日下部太郎
45 横井左太平
46 横井太平

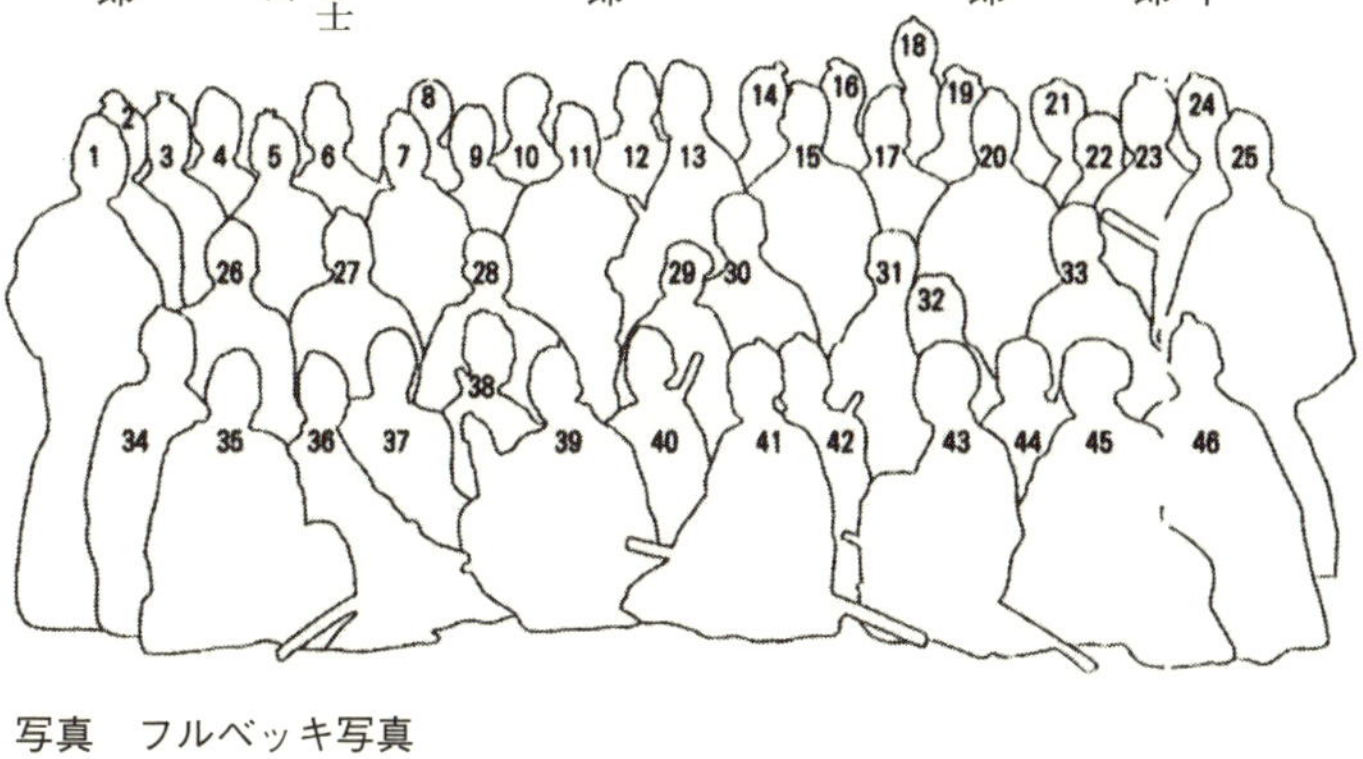

写真　フルベッキ写真

写真の下の図は、書き込まれた氏名である。

後列左から、①勝海舟（幕臣）、②中野健明（佐賀）、③中島信行（土佐）、④後藤象二郎（土佐）、⑤江藤新平（佐賀）……と、漏れなく氏名が記されている。

そこには、⑨伊藤博文、⑫大久保利通、⑬西郷隆盛……㉓岩倉具視（公家）さらには、なんと㊸坂本龍馬……まで、写っている！

つまり、幕末志士伝に登場する若き英傑たち、さらには幕臣、公家までもが一同に会しているのだ。

幕末歴史ファンなら垂涎《すいぜん》の写真といえよう。

しかし、当然、疑問の声があがる。これだけ、都合よく有名な維新の志士たちが勢揃いなど、ありえない。「これは。たんなる幕末の集合写真で、それに後から好事家《こうずか》が、似た志士たちの名前を、勝手に書き込んだ」だけ。と呆れて冷笑する向きも現れた。

これが、「偽物派」だ。

これが、人気のテレビ番組『開運！　なんでも鑑定団』なら、「はたして、鑑定やいかに！」と、なるところだが、真贋《しんがん》論争は、二転三転して、いまだに結論は出ていない。

とにかく、「本物派」も「偽物派」も、自説を一歩も譲らず、相手を非難攻撃する。

かくしてフルベッキ写真論争は、歴史ロマン派を二分する一大議論となっている。

●佐賀藩校『致遠館』の学生たち？

そもそも論争の発端《ほったん》は……？

群像写真の中心に座っているフルベッキとは、いったい何者か？

グイド・フルベッキ。職業はオランダから派遣された宣教師である。伝承では問題の群像写真は、明治元年（一八六八年）、当時、もっとも著名だった写真家、上野彦馬が撮影した、とされている。

明治元年なら、すでに明治維新は、成っているわけで、そこに若き志士たちの姿が写っているわけがない。「偽物派」は、「この写真は、フルベッキが、たんに佐賀藩の藩校『致遠館』の学生たちと撮ったもの」と主張。つまり、写っているのは無名の学生たちで、それに、一人ひとり、著名な維新の志士たちの名前を当てはめるとは、コッケイ至極とヤユするのである。

しかし、後述のように「本物派」たちも、黙ってはいない。

具体的例証をあげ、「偽物説」の論拠を、克明に、一つひとつ潰していくのだ。

「後の政府要人、首相も写っている」（グリフィス）

●グリフィス著書で本物と明記

この写真が、公にされたのは、明治二八年（一八九五年）、雑誌『太陽』（博文館）が掲載したことによる。そのときは「佐賀の学生達の集合写真」として、紹介された。

それが、一般伝承の根拠となっている。この写真に添えて「フルベッキ博士とヘボン先生」という記事を書いた戸川安宅は、被写体となった人物については、一切、触れていない。

ところが、日本に滞在経験のある日本学研究者ウィリアム・グリフィスが、その著書『日本のフルベッキ』（一九〇〇年）で「この群像写真は、フルベッキがアメリカに送ったものである」と、出所を明かした。さらに「この写真には、後に（明治）政府の様々な部署で影響力を持った人々が写っている」「後に皇国の首相となった人物も映されている」と明記して、衝撃を与えた。さらに、同写真には「大隈重信《おおくましげのぶ》や岩倉具視《いわくらともみ》、岩倉具経《いわくらともつね》……らが確認できる」と明記している。

グリフィスは、大学卒業後、フルベッキと同じオランダ改革派教会神学校に入学。彼が来日するきっかけも、フルベッキの手配によるものだった。

福井藩からアメリカ人教師の依頼を受け、師匠のフェリスに頼んで、選ばれたのがグリフィスだった。一八七二年には、東京南校（後の東大）で、フルベッキと教壇に立っている。

このようにフルベッキと極めて交流の深かった人物である。

だから、フルベッキは秘蔵写真をアメリカの知友グリフィスに送り、託したのだ。

このグリフィスの著書『日本のフルベッキ』で、「本物説」が一挙に濃厚となった。

ウィリアム・グリフィス（一八四三〜一九二八年）は、アメリカ出身。お雇い外国人の一人として、明治初期に来日、福井と東京で教鞭を取っている。彼は神学を修めた科学者であり、牧師である一方、理科教師、著述家、日本学者などの一面も備えていた。

日本では、やはり、同じキリスト教牧師であり、同じような境遇のフルベッキと親交を結ぶ。代表的著作に『皇国』がある。

●新聞各紙に販売広告とは……

一九七四年（昭和四九年）、論争は再燃する。

肖像画家、島田隆資が、雑誌『日本史』に「この写真には坂本龍馬や西郷隆盛、高杉晋作をはじめ、維新の志士らが写っている」と論文を発表した。それを前提に撮影時期を一八六五年と推定。当初、佐賀の学生たちと紹介された理由は、「敵味方に別れた人々が写っているのは問題と、偽装された」と自説を述べている。この説は、学界では黙殺された。

二〇〇四年、突如、朝日、毎日、日経各紙に、この写真を焼き付けた「陶板」販売広告が掲載され、一挙に全国民が知るところとなった。

業者は「フルベッキの子孫から受け取り、最初から全員の名が記されていた」と主張。

また、二〇一〇年（平成二二年）には、コンピュータ処理で色付けされたカラー写真の販売広告が『スポーツ報知』に掲載された。

利にあざとい業者が、話題の集合写真で、一儲けをたくらんだ、というわけだ。

これら、俗っぽい商行為は、「偽物派」の反撃に火を付ける結果となっている。

●登場人物、全否定か？　部分否定か？

彼等は、写真の中で、まったく似ていない顔を逐一指摘し、偽物であると主張するのである。たとえば、勝海舟とされたフルベッキ写真の人物は、本人とは余《あま》り似ていない。

左写真は、私が見ても別人だと思う。

じつは、「本物派」の急先鋒《きゅうせんぽう》、加治将一氏（前出）も、「これは別人」と著書『幕末　維新の暗号・ビジュアル版』（祥伝社）で「×印」を付けている。

だから、「本物派」の研究者が、登場人物が全て記入された通りの維新志士たち、とは断定していない。一九七四年、島田説でも同定した維新前後の人物は二二人にすぎない。

それが流通するたびに徐々に増加し、現在、流通しているフルベッキ写真四四人全員に、幕末の有名人の名が付けられている。

「全員、幕末の著名人などありえない」。これが「偽物派」の批判の根拠だ。

しかし、「本物派」も「全員が著名人ではありえない」と同じ意見なのだ。

ただ、異なるのは前者が全否定に対して、後者は部分否定であることだ。

まったく似ていない人物がいる。だから、偽物だ！　と断言するのでは、知的レベルが問われる。

写真の一人ひとりの真贋《しんがん》に関心のある方には、加治氏著の『幕末維新の暗号・ビジュアル版』（前出）を、おすすめする。

加治氏は、写真の人物一人ひとり、克明《こくめい》に比較検討し、本人（○）、怪しい（△）、別人（×）で、区分している。よくもここまで……と、徹底した精査、検証には感心する。

その「添え書き」も知的ユーモアがあり、じつに飽きさせない。読み物としても一級だ。

その検証例をあげる。面白いのは大隈重信は本人（○）と判定し、坂本龍馬は怪しい（△）としていることだ。どうみても当人だと思える大久保利通、伊藤博文も（△）としている。「本物派」の加治氏にして、これほど慎重で冷静なのだ。

「偽物派」の方も、頭を冷やして読まれたらいかがだろう。

ただ、写真による人物同定は、想像外に難しい。

一見、似ていないからといって、別人とは限らない。それも、青年期と中年期では、まるで人相が変わる例も珍しくない。

加治氏は、それをオウム真理教の容疑者たちに例

写真　勝海舟

える。

「先日、オウム真理教の指名手配容疑者が二名、捕まった。驚いたのは、菊池直子容疑者と高橋克也容疑者の顔だ。若き日の写真とあまりに違っていたのである。食い入るように較べてみたが、まるで別人だった。自信が揺いだ」と正直に述べている。

「慎重なつもりだが、苦労の果ての推理に、すべての反論にも耐えられる完璧な解答は用意できない」(同書)

歴史研究者にして、じつに謙虚《けんきょ》だと思う。フルベッキ写真は、当初は二二人しか氏名は記入されていなかった。それが、素人の好事家を刺戟《しげき》したのか、推理たくましく、全ての人物に歴史的な英傑たちの氏名が冠せられて今日にいたる。だから、全員が当人というわけでないのは、当然であろう。「偽物派」は、例えば、勝海舟のように、誰が見ても別人と思える写真が一枚でもあれば、鬼の首を取ったかのように、全体を偽物と決め付ける。

加治氏の謙虚さに較べれば、傲慢《ごうまん》で、軽率《けいそつ》でしかない。頭を冷やした検証が必要だろう。

群像写真は本物と確信する多くの理由

●本物と推理する多くの理由

ここで、私の立場を明らかにしょう。

私は、これら群像写真を本物とみる。加治氏と同じ立場だ。

彼の著書『幕末　維新の暗号』（上・下）（祥伝社文庫）は小説仕立てで、群像写真の真贋を徹底検証している。副題が「群像写真はなぜ撮られ、そして抹殺されたのか」。

これらは、群像写真というミステリーを紐解く推理小説としても、なかなか読ませる。

まさに、知的興奮を刺戟する。

「本物説」をまとめると、以下のようになる。

(1) 日時場所は特定されず。慶応元年二月は元治二年（一八六五年）が正しい。
(2) スタジオでなく屋外・自然光での撮影の可能性が極めて高い。
(3) 粗末な敷物・石畳は一級カメラ技師上野彦馬のスタジオとは見えない。
(4) 上野のスタジオの床は木製で、写真は石畳なので屋外のはずだ。
(5) 無造作に脱ぎ捨てた草履《ぞうり》、端の人影など付焼き刃の撮影である。
(6) 撮影は寺社などの敷地に簡単な壁をこしらえ撮影したものと思える。
(7) だから、木枝、格子壁、草履などが不自然に写り込んでいる。
(8) 以上は一級カメラマン上野ならチェックする。だから別人の撮影だろう。
(9) 佐賀藩校の記念撮影なら全員が所有、誇りとして大切に保管しているはずだ。
(10) もう一枚の「済美館《さいびかん》生徒とフルベッキ」写真は生徒名が判明している。一方が全部判って、他方が不明などありえない。

⑾　フルベッキの膝の長男ウィリアムは三、四歳。だから一八六五年頃の撮影のはず。

この群像写真には、さらに奥深い、なにやら怪しい雰囲気が漂っている。

まさに、隠された陰謀の臭いである。

その疑臭を放つ最大の存在が、写真の中央に座っているフルベッキその人から放たれてくるのである。

明治新政府を操った〝怪物〟フルベッキ

●天皇を操る岩倉一族も支配下

とにかく、フルベッキは調べれば調べるほど、怪しい人物である。

それに較べれば、他の白人御三家のアーネスト・サトウやトーマス・グラバーも、じつに判りやすい。サトウは紛《まぎ》れもなく英国諜報員であり、グラバーがフリーメイソンであったことは、まちがいない。

それに、較べて、フルベッキは異様にひっそりとして、目立たない。

以下は『幕末　維新の暗号』（上）の小説仕立てのやりとり。

「……フルベッキについては、俄《にわ》か知識を得た望月の方が知っていた。

『フルベッキは目立たない男ですが、実はとんでもない怪物でしてね』

『怪物だなんて、こんな穏やかな顔なのに』

『いやいや、ユカさん。この男ほど、革命新政府建設に深くかかわった外国人はいないのですよ。写真を見てごらん。フルベッキの両脇にだれの名前が書かれていますか？』

『えーと、岩倉具定と岩倉具経、それに岩倉具綱……』

と、ユカが声を出して読んでから付け加えるように訊いた。

『明治天皇をあやつっていた明治の大政治家、公家の岩倉具視の息子たちです』

この写真でフルベッキは、明治新政府の明治天皇をあやつっていた岩倉三兄弟を周囲に従えている。つまり、支配下に置いている。この配置は偶然ではあるまい。

●本物の決定証拠グリフィス証言

さらに、フルベッキ写真を本物だと断定させる決定的証拠が、グリフィスの著作『日本のフルベッキ』（前出）だ。

これは一九〇〇年にニューヨークで出版されている。「明治維新」から、じつに三二年後のことだ。そして、日本語版は百年以上を経た二〇〇三年出版。この分厚い一冊の表紙にはフルベッキ写真が使われている。

グリフィスはフルベッキと親しい教会仲間である。一八七〇年、フルベッキの要請で来日、横浜に上陸するや、フルベッキの自宅に寄宿し、福井で理化学の教鞭を取ったのち、東大の前身、南校でフルベッキと共に教壇に立っている。

だから、グリフィスはもっともフルベッキを深く知る人物なのだ。

その著書で、グリフィスは群像写真には、後の明治政府の重要人物、首相などが何人も写っている、と明記している。これは「群像写真は、佐賀藩校生徒たちの記念写真」と主張する「偽物派」の説を粉砕する。

グリフィスが「維新」から三〇年以上の時を経て、嘘の事実を記す理由は、もはやまったくない。そこで、彼は率直に群像写真の真実を述べたのだ。

「口外したら終わり……」異常な秘密主義者

●秘密工作員だった数々証拠

このグリフィス著『日本のフルベッキ』で、私は写真の真贋論争には決着が付いたとみる。

この著書には、さらに重大なフルベッキの側面が描かれていた。加治氏は指摘する。

「……『フルベッキは無口だ』『無駄口をたたかない』グリフィスが〝秘密主義者〟とまで愚痴っているとおり、彼の書き残した書類は、すべてにおいて意図的に重要部分を除外した不自然で不完全なものとなっている。それだけ、秘密にかかわっていたということだ」

この用心深さは、ただの宣教師のものではない。

その異様な秘密主義を物語るエピソードがある。

フルベッキがジャン・メイソン・フェリスに宛てた手紙の文面が残っている。

送付先のフェリスは、フルベッキの直属ボスに相当する。ニューヨーク在住の神学者で、オランダ改革派教会の外国殿堂局の責任者でもあった。ミドルネームが〝メイソン〟であることに注目。先祖は、まちがいなく〝石工〟である。

フェリスも幕末から明治新政府に、大きく関与した親日家でもある。

日本では女子大創設に関わり、その名を冠したフェリス女学院は名門として今も健在だ。

フェリスは、フルベッキがアメリカに送ってきた多くの日本人留学生を手厚く迎え入れ、日本では〝留学生の父〟という尊称で呼ばれていた。

●維新の最大秘密を知っている

その親分であるフェリスに、フルベッキが書き送った書簡が残っている。

その内容が、凄《すご》い……。

「……〈一八七二年八月六日付け　フェリス様〉申し訳ありませんが、公開を申し出ることは、絶対にできません。私がやっていることを、公にしてしまえば、この国での私の役割は終わりです……」（『日本のフルベッキ』）

恐るべき秘密主義である。おそらく、宣教師として派遣されているのだから、活動内容を全て報告せよ、とフェリスに命じられたことへの返事だろう。

「自分が日本で行っていることは、公にできない」……とはっきり言っている。「言ったら、自分は終わりだ」とまで言っている。直属の上司にも言えないこと。それは、もはやいうまでもない。極めて重要な諜報さらに謀略活動以外にありえない。

フルベッキは、フェリス宛の手紙で、こう続ける。

「……この国の人たちは、私がやっていることや、彼らについて知っていることを、私が口外しないと判っているからこそ、私に絶対的な信頼を置いているのです」

つまり、ここでフルベッキは、日本の「明治維新」最大の秘密を知っていることを匂わせている。その絶対秘密を固く秘匿しているが故に、明治政府から絶対の信頼を得ている……とはっきり明言している。

●明治政権二大秘密を握る男

フルベッキは、上司フェリスに意味深な語りかけを行う。

「……新聞に出ていることは表面的なことです。掲載されないことの方が重要です。総理大臣で全権大使の岩倉が一度ならず、『難局から日本政府を救うために貢献してくれました』と私に告げました。そして、使節団は出発し、アメリカに向かいました。あなたにお会いして、本当のところをすべてお話できればと思います。しかし、今はほんの概略《がいりゃく》しかお伝えできません」

ここで、私は確信する。フルベッキは明治政府の最大スキャンダルを握っている。

それは直属上司フェリスにも明かせない衝撃事実だ。

それは、まぎれもなく本書の重大な二大テーマ「伊藤博文の孝明天皇暗殺」と「明治天皇すりかえ事件」であろう。これは、日本近代史における空前絶後の二大醜聞《しゅうぶん》（スキャンダル）である。だから、フルベッキは固く口を閉ざし、直属ボスにも、一切、伝えることはしなかった。

「口外しないことで明治政府から信頼を得ており、口外したら、自分は終わり」とまで言いきっている。それは、命を失う……という意味だろう。

フルベッキはメイソン工作員だった!?

●息子ウィリアムは有名なメイソン

フルベッキが上司フェリスや親友グリフィスにまで、かたくなに口を閉ざし続けた理由は、彼自身がフリーメイソン工作員だったから……と私は確信する。

彼自身がメイソンリーだった……という歴史的〝記録〟は残っていない。

それも、当然だ。工作員が、自らの記録を残すはずがない。フルベッキの病的なまでの秘密主義が、それを物語る。とりわけ、明治政府を陰から操るという重大任務を秘めた工作員なら、その記録は永遠に封印されるのも、当然だ。

それは、同じメイソン仲間にすら、口外できなかったはずだ。

「……公にしてしまえば、この国での私の役割は終わりです」という告白の重さに圧倒される。

彼がフリーメイソンであった、という状況証拠は数多い。

まず、フルベッキ写真で父親の膝に抱かれていた幼い長男ウィリアムは、成長してメイソンに加入したことが『日本のフルベッキ』(前出)に明記されている。

つまり、父親が筋金入りのメイソンだったからこそ、息子も迷わずメイソンに加入したのだ。

さらに、彼はキリスト教でも、オランダ改革派の宣教師である。

フリーメイソンは中世から、カソリック教会とは真っ向から対立してきた。カソリック教会は、科学を否定し、科学者を弾圧してきた。これに対して、フリーメイソンは石工組合を母体とすることで判るように、物理、数学などの科学がその立脚点だ。

ここで、着目すべきは、オランダ改革派も反カソリックという点だ。同派はプロテスタントともに、相当数がフリーメイソンに流れ込み、カソリックと激しく対立、抗争してきた。

●西周、津田、グリフィス、「明六社」

さらに、フルベッキのメイソン説を裏付ける証拠がある。

実は、親友グリフィス自身が、メイソンの疑い濃厚なのだ。

グリフィス自身は、「明六社」結成に深く関わっている。

「明六社」とは、明治六年に、設立された団体だ。それは、西洋文明を積極的に取り入れ、推進することを目的とした啓蒙団体である。そこには、森有礼も創立者に名を連ねている。

森は伊藤博文の下で初代文部大臣になっている。英国、米国、二度の密留学経験を持つ森は、真の意味で、開明派だったのかもしれない。大胆にも英語を国語とすべし、と新政府に提案し、キリスト教も先進的に推進している。これが、国粋主義者の反感を買い、暗殺の憂き目にあっている。いずれにせよ、明治も物騒な時代だったのだ。

ここで、「明六社」に注目するのは、西周《にしあまね》と津田真道《つだまみち》がメンバーであったことだ。

西と津田は、日本人のフリーメイソン一号と二号として有名だ。

両者は、一八六四年、オランダに留学中、ライデン市にある「ラ・ベルトウ・ロッジ・7」で入会の秘儀を受けている。だから、当然、「明六社」はメイソンの強い影響下にあった。というよりメイソンの巣窟《そうくつ》そのものであった。そして、「明六社」創立を手引きしたのがグリフィスである。なら、グリフィスも正真正銘《しょうしんしょうめい》のメイソンと考えるのが妥当だ。

「……グリフィスは、その『明六社』の正式な通信員だった、というのだ。『明六社』の通信員というのは、だれでもなれるというものでない。厳しい審査があって、会員の三分の一の賛成を必要とする。さらにはフリーメイソンの西と津田が牽引する『明六社』。その通信員であるグリフィス。さらにはフリーメイソンであるフルベッキの長男ウイリアム。世界最大の秘密

結社が、グリフィスとフルベッキの両人のすぐ身辺まで忍び寄っている」(『幕末　維新の暗号』(上)前出)

岩倉使節団「計画書」もフルベッキが作成

●大使節団を影で操った男

「……使節団は、出発し、アメリカに向かいました。あなたにお会いして、本当のところを、すべてお話しできればと思います。しかし、今は、ほんの概略だけしかお伝えできません」

フルベッキが上司フェリスに宛てた手紙で触れた「使節団」とは、あの「岩倉具視米欧使節団」のことだ。一八七一年(明治四年)米国に向けて出発。この米欧を巡る明治新政府の使節団の旅程は、一八七三年までの二年近くにも及んだ。

岩倉具視を正使とするため、岩倉使節団と呼ばれる。そこには、錚々《そうそう》たる明治新政府の顔触れが居並んでいる。伊藤博文、大久保利通、木戸孝允……など新政府の重鎮に加えて、高級官僚らも臨船し、総勢一〇七人にものぼる大使節団だった。

日程もアメリカ二〇〇日余り。イギリス一二〇日余の計六三一日。空前絶後の大使節団だ。

さて——。

この大計画を立案したのは、だれであろう?

あのフルベッキなのだ。一宣教師が、一国の運命を左右する二年余におよぶ使節団の「計画書」をまとめたのだ。にわかには信じがたい。

この一大使節団・欧米派遣の「基本構想」は、一八六九年（明治二年）六月にフルベッキによって「企画書」がまとめられ、大隈重信に手渡されている。

明治新政府は、不平等条約改正を念頭に、欧米への一大使節団派遣を決意する。

●〈我々の目的〉は〈メイソンの目的〉

『幕末　維新の暗号』（上）から引用する。

「……膨大な企画書は、いたれりつくせりだった。

使節団が外国政府を訪問した際の、予測される外国からの要求とその想定問答までが、手取り足取り事細かに記されており、完璧なまでの完成度だ。

岩倉は、それに光明を見出だす。

南校（後の東京大学）の教頭として、授業を受け持っていたフルベッキを呼び出した。

フルベッキの顔は端正だ。目も口も鼻も顎も上品に調和している。

頻繁に会合が持たれ、企画書を挟んでの息詰まる会談は、深夜に及ぶこともあった。

そして、ついに岩倉は断を下す。

『使節団は、如何にして、この重要な仕事に対応できたのでしょうか。私の「計画案」によってなされたのです。（略）そして、使節団の旅程を計画しました』」

使節団の旅程はフルベッキが計画したものだ。これは、まさに明治新政府が、一人の無名宣教師の手の平の上で動かされていたことを如実に物語る。

フルベッキは、さらにつぎの言葉を残している。

「……我々の心にある目的とくらべれば、これらすべては取るに足らないことです。我々の目的と信教の自由にかかわることだけが重要です」

ここにある「我々の目的」の、「我々」を〝フリーメイソン〟と置き換えれば、彼の立場が、鮮やかに、くっきりと見えてくる。

メイソン・ロッジに消えた岩倉使節団

●ワシントンDC「グランドロッジ」

〈その目的〉が、岩倉使節団の旅程で、明白に浮かび上がってくる。

使節団は、アメリカ、ワシントンDCで、どこに向かったのか？

なんと、それはフリーメイソン・ロッジだった！

使節団には、元佐賀藩士の久米邦武《くめくにたけ》が公的書記官として随行《ずいこう》し、全行程にわたって詳しい日記を付けている。それが『特命全権大使　米欧回覧実記』（岩波文庫）だ。

「一二日、陰『マソニック・テンプル』ニ、陸軍ノ舞踏会アリ、招状来ル、只書記官ノミ之ニ赴ク」

ここに記されている「マソニック・テンプル」とは、有名なビルディングで、今も、そのまま建っている。それは、なんとワシントンDCのフリーメイソン本部のことである。

つまり、アメリカのメイソン「グランド・ロッジ」だ。

さすがの書記官、久米邦武《くめくにたけ》もここは、巧妙に言葉を濁《にご》している。

「陸軍ノ舞踏会」という下りがそうだ。岩倉使節団は夫人同伴でなく、招待とは不自然だ。

さらに、メイソン・ロッジ「マソニック・テンプル」は、舞踏パーティにはまったく不向きだ。さらに、陸軍とは何の関係もない。「書記官ノミ之ニ赴ク」は、さらに重ねて不自然だ。

久米は、使節団が「メイソン・ロッジ」を訪問したことを、意図的に隠している。

では、その訪問の目的は？

加治氏は、小説の形式で主人公、望月に語らせている。

「『……儀式でしょうな。悟られないよう、男性ばかりのメンバーを〝陸軍〟と称し、儀式を〝舞踏会〟などと擬態した。なかなかやるもんです。久米も……』

日本の夜明けをつくった岩倉使節団が夜陰にまぎれて、フリーメイソン・ロッジにすっと呑み込まれる。その怪しげな光景を想像し、怖気を震った」（『幕末　維新の暗号』（上）前出）

このような使節団の全スケジュールを策定したのがフルベッキなのだ。

彼が、メイソン工作員だったら、使節団の主要メンバーを、メイソン入会秘儀に引き込む計画を練るのは、理の当然だ。そして、初代総理大臣、伊藤博文ら、かつての〝長州ファイブ〟の若侍たちは、とっくに英国でメイソン入会の洗礼を受けていたはず。いわば、メイソンリーとしては先輩格に当たり、率先して、他のメンバーをワシントンDCのグランド・ロッジに先導したのではないか……。それこそが、フルベッキのいう〝我々の目的〟だったのだ。それは、まさに墓場まで持って行くべき、絶対、口にしてはいけない秘密だったのだ。

群像写真はメイソン最高「機密情報」だ

●フルベッキ・チルドレン証拠写真

以上――。

見てきたように、一見端正で、おとなしげに見えるフルベッキは、我々の想像を超える巨魁《きょかい》であった。

ここで、注目すべきは米ラトガース大学の存在だ。江戸末期から明治初期にかけて、そこに送られた日本人留学生の数は約三〇〇人と、ケタ外れに多い。

彼等のほとんどが、帰国して明治政府の高級官僚となった。

そして、この自らの母校にこれら日本人留学生を送り出していた張本人がフルベッキなのだ。

さらに、彼は横井、岩倉、勝……維新重要人物の息子、甥まで面倒をみている。

彼ら三〇〇有余人は、まさにフルベッキ・チルドレンであった。

さらに、幕末にさかのぼれば、幕臣、公家、志士を問わず、数多くの有意の若者たちが、その青い目の先導者のもとに集った。

後に明治新政府の一大使節団を自在に操るほどの器量の策士である。

その広く、底無しに深い見識と人脈に、幕末の数多くの若者たちが、羨望《せんぼう》、私淑《ししゅく》して集ったのであろう。

この物静かな男が、国際秘密結社フリーメイソンの密命を帯びていることなど、だれ一人気付かなかった。フルベッキは、彼の元に参集してきた有為の若者たちを育て上げ、彼らに、後の新政府を担わせ、最後は、日本という国を丸ごと掌中に収めることを深謀遠慮として胸中に秘めていたのであろう。

●〝闇の力〟日本支配の決定証拠

そして、彼らが一堂に会したおりに、その策謀達成の具体的な一証拠として集合写真を撮ったのだ。これは、フルベッキの影響下にあった幕末の志士、公家、幕臣らの集合写真である。

そこでは、顔と名前が一致している。

これは、「支配する」側からすれば、超一級の証拠資料である。

フルベッキは、自らの活動……〈我々の目的〉のため、志士群像の証拠写真を撮影し、それを米国のメイソン仲間グリフィスに託したのだろう。

メイソン本部にしてみれば、これぞ将来の日本支配の決定的な資料となる。

だから、日本国内には、細心の注意でコピーすら残さなかった……。

これが、フルベッキ群像写真の真実だと思う。

のちに、読売新聞など大手マスコミが、必死で偽物説を流している。

それも、日本のマスコミは、今もフリーメイソン（イルミナティ）の完全支配下にあることを思えば、当然至極の、もみ消し工作なのだ。

〝闇の支配者〟にとって不都合な真実は、こうして常に闇に消されてきたのだ。

第５章　煽られ、操られた志士たちの狂奔
――裏の裏には裏があり！　秘密結社の深謀遠慮

幕末日本は暗躍メイソンだらけ

●江戸期とっくにメイソン上陸

日本に最初に上陸したフリーメイソンとは、いったい誰か？

メイソン側の記録によれば、それは一七七九年から（長崎出島の）在日オランダ商館長として赴任、滞在したイサーク・テイチングである。海外から商館や公館に代表としてくる輩は、全員メイソンという定理が、ここでも成立する。

つまり、メイソンは商館長にスパイの役割を担わせ派遣したのだ。そこまで米英など政治中枢の任命権も掌握していた、ということである。さすが、国際秘密結社だ。

幕末フリーメイソンの大立者といえば、一八五三年、黒船を率いて開港を迫ったマシュー・ペリー提督を嚆矢《こうし》とする。

ペリーは、一八一九年、ニューヨークのホーランド・ロッジでメイソンの加入秘儀を受けている。当時まだ二五歳の青年であった。

彼は一八五二年三月、東インド艦隊司令長官という重職に任命されて、一一月、フィルモア大統領の「開国要求の親書」を携え、極東の日本に向かう。その後の展開はごぞんじのとおり。ペリーを日本に派遣したのは、大統領フィルモアと思いがちだが、それを飛び越えてロスチャイルド財閥の意向が働いたことは、まちがいない。

すでに、ペリーは超大物メイソンとしてニューヨークのロッジ「ホーランド・8」に所属していた。前述のようにペリーの愛娘は、ロスチャイルド一族の大物と婚姻しており、その堅い絆は、彼もロスチャイルドの一族であることを、明白に示している。

「商人、宣教師に化けたスパイを!」(ペリー日記)

●諜報員に日本語を学ばせよ

残されている『ペリー提督日本遠征日記』(木原悦子訳、小学館)には、江戸幕府を交渉の場に引きずりだして、「友好条約」「通商条約」を結ばせる下りが生々しく、活写されている。

とくに、以下の下りは、じつに生々しい。

「……それでも、日本国内の法律や規制について、信頼できる十分な資料を集めるには、長い時間がかかるだろう。（だから）領事代理、商人、あるいは、宣教師という形で、この国に『諜報員』（スパイ）を常駐させねばならない。これは確かである。それに、なんらかの成果をあげるには、まず、『諜報員』に日本語を学ばせなければならない」（同日誌より）

つまり、フリーメイソンの大物ペリーは、この公的日誌に堂々と「日本に領事代理、商人、宣教師を偽装してスパイを送り込め」「日本語を学ばせろ」と明記しているのだ。

こうして、アメリカは日本国内のスパイ網を構築し、黒船艦隊の威力で、日本をねじふせ、「条約締結」させ、開国を約束させた。

●全国各地にロッジがゴロゴロ

ペリーを日本に派遣したフィルモア大統領もメイソンであった疑いが濃厚だ。なぜなら、フリーメイソンの集まりに参加した記録が残っているからだ。

一八六〇年二月二六日、惨劇が起こった。攘夷派の武士に横浜で、オランダ人船長Ｗ・デ・フォスと商人Ｎ・デッカルが暗殺されたのだ。この二人もメイソンであったことは、まちがいない。なぜなら二人の葬儀に参列した外国人も、ほとんどがメイソンだったからだ。

彼らは、儀式用のメイソン正装であるエプロンを着用し葬儀に臨んでいる。

二人の墓は外国人墓地に埋葬され、今も、現存している。

英国は、居留民保護を名目に、歩兵連隊を香港から横浜に駐留させた。そして、フリーメイソンは軍隊用ロッジ「スフィンクス」も同時に設置した。つまり、上陸した兵隊もメイソンだらけだったのだ。それは、在日英国人のためのロッジとしても機能した。

歌手J・レディ・ブラックら横浜在住の外国人によって、改めて民間人のための『横浜ロッジ・1019』設立が申請され、一八六六年一月三〇日、英国グランド・ロッジの承認を受け、恒久的《こうきゅうてき》な民間ロッジとして成立した。

「……このロッジは、現存しており、日本国内最古の現役ロッジといえる。一八六九年には、横浜に二つ目のロッジとして『オテントウサマロッジ・1263』が設立された。続いて登場したのが一八七〇年（明治三年）発足のロッジ・兵庫・大阪（神戸）である。第二次大戦までに国内には八つのロッジが設立され、そのうち半分が、横浜におかれた」（ウィキペディア『日本のフリーメイソンリー』）

●内戦を起させ植民地にせよ

だから、幕末に日本に上陸した外国人は、ほとんどがフリーメイソンか、あるいはその協力者であったことは、まちがいない。

そもそも、本国の米、英、仏、蘭の権力を〝かれら〟は完全掌握しているのだ。

そして、日本にあらたな内戦を起こさせ、幕府を崩壊させて、植民地化する……というのが、メイソンが描いた日本支配のシナリオだ。だから、メイソンの息のかかっていない人間を、日本に送り込むことなどありえない。

そんな人間に本国が渡航許可など出すはずはない。だから、幕末日本に上陸した青い目の連中は、ほとんどがメイソン勢力と考えてまちがいない。

そして、〝かれら〟は自分や同志が、メイソン会員であることを絶対に明かさない……という「死の誓約」を結んであるのだ。

だから、幕府側も勤王側も、まさに外国人が、ほとんど全員、秘密結社のメンバーであるとは、夢にも思わなかったのだ。

日本支配に動き始めた青い目五人衆

●ジャパン・ハンドラーたちの密謀

アメリカは、「友好条約」「通商条約」締結後、「南北戦争」（一八六一～六五年）という内戦で、一八七〇年まで外交に手が回らなくなる。

そこで、欧米の対日政策は、アメリカ主導から、イギリスへ受け継がれる。

それでも、背後で対日工作を操っていたのはメイソンであり、何の支障もなかった。

とりわけ、初代駐日公使ハリスは、あまりに善良で、日本にシンパシーを持ち過ぎていた。

そこで、英国から乗り込んできたのが英国全権公使ラザフォード・オールコック卿、及び、その後任のハリー・パークスと忠実な部下アーネスト・サトウである。

むろん、彼ら全員が、メイソンの重鎮《じゅうちん》ペリーが『日誌』で強調したごとく、諜報員（スパイ）であったことは、いうまでもない。

サトウは、その期待に応えて、じつに日本語も堪能であった。

「……オールコック、パークス、サトウら三人が、『日本をどのような方向に持っていくか』の青写真を一八六二年に作ったのである」（ブログ『日本人の覚醒』前出）

この時点ですでに、幕末日本は米英フリーメイソンの手の平で、転がされ始めたのだ。

このジャパン・ハンドラーたちの密謀に、すぐに、商人グラバー、宣教師フルベッキらが合流する。〝かれら〟に共通するのはメイソンリー密約だったのだ。

●フルベッキはロスチャイルドの一味

……オランダ系ユダヤ人のフルベッキは米国に移民したキリスト教徒ではあるが、ロスチャイルドの一味でもあったのだ。

そのフルベッキ像は、つぎのようなものだ。

「……諸藩から長崎に雲集する留学生たちにとって最良の師として盛名が高かったが、（後藤）象二郎にも西洋の科学技術のことから西欧諸国の政治状況にいたるまで、上手な日本語で語ってくれた。象二郎はかつて一五歳の少年のときに中浜（ジョン）万次郎のアメリカ話を聞いて感激した体験があるが、フルベッキとの出会いはそれ以上のものだったろう」（『後藤象二

郎と近代日本』大橋昭夫著、三一書房）
つまり、勤王佐幕を問わず、幕末諸藩にとって、フルベッキは欧米との貴重な窓口であり、情報源だったのだ。諸藩から若き留学生たちが、憧れ、雲集《うんしゅう》するのも当然だ。
こうして、〝洗脳〟された武士たちの証拠写真が、フルベッキ群像写真なのだ。
そこに移っていた若侍や公家たちは、まさか、彼が深謀を秘めた国際秘密結社の一員であるなど、夢にも思わなかっただろう。

●機密日本地図がペリーの手に！

このように青い目の幕末日本の侵略は、じつに用意周到だ。
さらに、舌をまくのは、この約三〇年も前に、侵略の下準備をしていたことだ。
「……ヨーロッパは、日本を学問的に真っ裸にするために、ドイツ人のシーボルトをオランダ商館勤務医として派遣した。シーボルトは、医学を教えるのと引き換えに、弟子になった者たちを使って、日本の事情の一切を調べ上げた。一八二九年に、帰国するさいに、当時の最高の国家機密であった日本地図（伊能忠敬が実測して完成させたもの）を持ち出そうとして国外追放処分となっている。結局、シーボルトが持ち出した日本地図の写しを、なんとアメリカ海軍のペリー提督がちゃんと持っていた……」（同ブログ）
こうなると親日愛好家として伝えられるシーボルトも、正体は諜報員（スパイ）であった疑いが濃厚だ。

——さて、なにはともあれ、幕末から明治にかけて、日本は、オールコック、パークス、サトウ、グラバー、フルベッキの「青い目五人衆」によって、巧妙《こうみょう》に扇動《せんどう》され、操作されていく……。むろん、狡猾《こうかつ》な青い目たちは、表向きは外交官、通訳、商人、宣教師である。

その態度はじつに礼儀正しく慇懃《いんぎん》で、諜報員の素振りは片鱗《へんりん》も見せなかった……。

そして、日本の幕末から近代史を、陰からじつに巧妙に操っていくのだ。

アーネスト・サトウなど、ハンドラーの典型だろう。

歴史批評家、鬼塚英昭氏はサトウの日記（前出）の孝明天皇の〝毒殺説〟にかんするくだりを一読、こう確信している。

「この文章を読んだとき、サトウは間違いなく、孝明天皇殺しに参加した重要メンバー、否、指揮した人物にちがいないと思った。公家と天皇家との間にあっての暗殺もまれには存在した。しかし、大室寅之祐を天皇にしようという発想そのものは生まれてこないと思っていた。『きたるべき幕府の崩壊』を確実にするために、サトウが長州の博文らに働きかけた可能性がある」（『日本の本当の黒幕』（上）前出）

明治天皇すりかえ（第9章）という日本最大スキャンダルを企んだのは英国諜報員（スパイ）サトウだ、という大胆な説である。なら、明治帝ニセモノを熟知どころか、日本の弱点として掌握《しょうあく》し、それを脅《おど》しのタネとして支配を試みたのは大英帝国……つまり、フリーメイソンそのものだった、ということになる。

明治は日本の明るい〝青春〟ではない

●「維新は過ち」という視点

だれでも、暗い方より明るい方を見たい。

「明治維新」もそうだ。それは、文明開化そのものであり、近代日本の曙《あけぼの》。そう、私たちは歴史の教科書で学び、そう信じてきた。ところが……。

『明治維新という過ち』（原田伊織著、毎日ワンズ）という本がある。

手元にあるのは「改定増補版」だ。つまり、知る人ぞ知るベストセラーとなっている。

この本の副題がスゴイ、「日本を滅ぼした吉田松陰と長州テロリスト」。

松陰といえば、維新の英傑を数多く輩出した松下村塾の塾頭。まさに、「明治維新」の曙を築いた偉人として称えられている。

しかし、この本の著者、原田氏のペンにかかれば「テロリストの頭目」と唾棄《だき》される始末だ。

長州の志士たちをテロリストと呼ぶのは、つぎのような理由からだ。

「御所を砲撃し、天皇拉致《らち》まで企てた吉田松陰一派の長州テロリストたち。偽りに満ちた近代日本誕生の歴史――いまも続く、長州薩摩社会、『維新』『天誅』ととなえた狂気の水戸学が生

んだ『官軍』という名のテロリストたち」（帯より）

従来の幕末マニアにすれば、血が逆流するはずだ。

その衝撃事実が、これでもか！　とばかりに書かれている。

しかし、敵味方、立場が異なれば、偉人も悪人となる。英雄も悪漢と成り果てているのだ。

原田氏の主張――「『明治維新』という無条件の正義が崩壊しない限り、この社会に真っ当な倫理と論理が価値をもつ時代が訪れることはないであろう」には、同感である。

●明治を〝青春〟と捉えた司馬史観

維新礼賛《らいさん》といえば、まず思い浮かぶのが『竜馬がゆく』であろう。

この国民的小説は、まさに今日の龍馬ブームの火付け役を果たし、よくも悪くも、幕末ファンを爆発的に激増させた。

なにしろ、その部数が凄い。凄すぎる。一九六三年、発刊以来、単行本・文庫本併せて、一七〇〇万部という驚異的な売上を記録している（一九九六年時点）。

私の友人でシナリオ作家の小林竜雄氏が『司馬遼太郎考』（中央公論新社）で、『竜馬がゆく』誕生秘話を書いている。

小林氏によれば、司馬遼太郎が歴史小説の題材に龍馬をえらんだ理由は、次のあとがきに書かれているという。

「……坂本龍馬をえらんだのは、日本史が所有している『青春』のなかで、世界のどの民族の前に出しても十分に共感をよぶにたる青春は、坂本龍馬のそれしかない……」（『竜馬がゆく』「あとがき」より）

つまり、龍馬のなかに、清々しい青春を見たのである。

司馬にとって、幕末とは、そんな青春を駆け抜けた時代だったのだ。

その思いは、後の『坂の上の雲』などに続く。このタイトルからして、晴れ晴れとしている。まさに、心踊る青春を感じさせる。司馬にとって、明治は近代日本の晴れやかな朝であり、めざす西洋文明は、青空に浮かぶ、坂の上の白雲だ……。

その風景は、まさに青春そのものだ。爽やかで、希望に満ち、胸躍る日々……。それが、明治という時代だった。ここまで書いて、私は微苦笑とともに、イヤイヤと首を振ってしまう。幕末から明治にかけて、実際は、そんなに〝爽やかな〟時代ではなかった。

これまで、本書を読み進んでこられた読者なら、溜め息とともにうなづくしかないだろう。

●幕末志士と全共闘の学生達

幕末の志士たちは、青雲の志を抱いて、新しき世をつくるために東奔西走した……と、われわれは、思っている。それは『竜馬がゆく』の坂本龍馬の姿と重なる。

他の志士たちも純真な熱血に生きた。幕末ファンたちは、その熱き志に共鳴し、涙するのである。しかし、鬼塚英昭氏は冷静だ。

「……私たちは、孝明天皇暗殺と睦仁親王暗殺を別々に考えている。しかし、この二つの暗殺は薩長土の秘密同盟から生まれたものであった。土方久元、中岡慎太郎、坂本龍馬、田中光顕は、この秘密結社メンバーであった。この男たちに、日本の未来を憂える志があったとはとても思えない。ただひたすら栄達を願い、甘い生活に憧れていただけだった」(同書)

私は、幕末に狂奔《きょうほん》する志士たちの姿を見ていると、かつて経験した全共闘運動の学生たちとだぶってくる。時代が変わる予感。日頃の鬱積《うっぷん》。権力への憎悪。

……そういう青春の疼《うず》きが、爆発して、彼らにゲバ棒を握らせ、ヘルメットを被らせたのだ。

しかし、幕末の志士たちはあまりに、若く、未熟で、無知だった……。

一〇〇〇年、二〇〇〇年……と連綿と続くとされる国際秘密結社の密謀の前では、赤子の手をひねるより、他愛もなかったはずだ。

●あまりに無邪気すぎる司馬史観

司馬史観に立てば、維新は夜明けだ。

しかし、『明治維新という過ち』の原田史観に立てば維新は落日でしかない。

原田氏は、同書で司馬史観をまっこうから批判している。

「ひと言でいって、司馬さんは『明治維新』至上主義者である」「忘れてはならないことだが、動乱には、必ず犠牲がつきまとう。これは、避けられないことかもしれない。だとすれば、動乱がもたらした結果が重要であり、より多くの人びとによって意味のある結果をもたらさない動乱は、あってはならないのである」「……『明治維新』と呼ばれる動乱の時代を、無条件に美化したり、肯定することは許されないのだ」（同書）

司馬史観は、一言でいえば、あまりに無邪気すぎる。『竜馬がゆく』で司馬遼太郎の世界に酔ったファンたちも、またあまりに無邪気すぎるのだ。

原田氏は、「明治維新」の残酷な矛盾を西郷隆盛に重ね合わせる。

「『御一新』が成立した後の新政府（太政官政府）の腐敗に、心底から怒り、失望したのは、『赤報隊』に江戸での強殺・強姦・放火・略奪を命じた西郷であった。『赤報隊』をいとも簡単に使い捨てた西郷が、新政府の腐敗をみて、これでは手前どもが倒した徳川家に対しても申し訳が立たない、として下野したのである。このことが結局『西南戦争』に結びつくのだが、だとすると『西南戦争』を惹起《じゃっき》したものは政府の腐敗である、と断ずることができるのだ」（同書）

会津を凌辱した奇兵隊らの蛮行

●八歳、十歳の娘も犯したとは……

原田氏は、長州を憎悪している。それは幕府を倒した残酷なテロリストだからだ。彼は心情的に、倒された幕府の側に立つ。

とりわけ、会津戦争への思い入れは切々と悲痛に胸に刺さる。

「……終戦直後、西軍の兵は、戦死した藩士の衣服を剥ぎ取り、男根を切り取ってそれを死体の口に咥《くわ》えさせて興じたという。さらには、少年たちの睾丸を抜くということもやった。なんという暴挙か。これを行った西軍兵は、確実に武士階級ではなかったはずだ。心までもが下賤な人非人・外道というべきであろう。しかし、彼らは日本の近代化を切り開いたとされている『官軍』の兵なのだ」

彼の悲憤は、とまらない。

「『会津に処女なし』という言葉がある。会津の女性は、ことごとく長州奇兵隊を中心とした西軍のならず者に強姦された、ということをいっている」

「山縣有朋《やまがたありとも》が連れ込んできた奇兵隊や人足たちのならず者集団は、山縣が新発田に去っていたこともあって、全く統制がとれておらず、余計にやりたい放題を繰り返す無秩序集団となっていた。女と金品を求めて村々を荒らし回ったのである。彼らは、徒党を組んで『山狩り』と称して村人や藩士の家族が避難している山々を巡り、強盗、婦女暴行を繰り返した。集団で女性を強姦、つまり輪姦し、時にはなぶり殺す。家族のみている前で娘を輪姦する、ということも平然と行い、家族が抵抗すると撃ち殺す。なかには、八歳、十歳の女の子が凌辱《りょうじゅく》されたという例が存在する……」

ここには、司馬遼太郎が憧れた幕末の清々《すがすが》しい光景など、どこにもない……。

こうして、明治という世は生まれたのである。

吉田松陰：明治天皇すりかえの立案者か？

●長州テロリストたちの残虐非道

「……史実というものを尊重するならば、勤王志士＝長州テロリストと直訳していただくと間違いはない。会津藩にとって『慟哭《どうこく》の歴史』が始まったともいえる文久年間に入ると、京には『天誅』という名の殺戮《さつりく》の嵐が吹き荒れた。そのリーダー格が、桂小五郎、吉田松陰とその徒党、高杉晋作、久坂玄瑞、井上馨、寺島忠三郎……（略）といった長州藩そのものが厄介者としていた主として若手の激情家たちである。本来『志士』とは、『国家のために献身する高い志をもった人』のことをいう。

『論語』に曰く、『志士仁人は生を求めて、以て仁を害するなし』すなわち、志士とか仁者と呼ばれる人は、『自分の生存のために、人の道に背くようなことはしない』――という意味である。長州の桂小五郎たちは、京において、略奪、放火、暗殺というテロ行為を意識して積極的に展開した」「彼らのやり口は、非常に凄惨《せいさん》で、首と胴体、手首などをバラバラにし、それぞれ別々に公家の屋敷に届けたり、門前に掲げたり……投げ入れたりした」（原田氏）

絵　吉田松陰

●信じられている松陰像は大ウソ

彼の筆誅は、長州テロリストの筆頭、吉田松陰（上絵）に及ぶ。

吉田松陰といえば、幕末偉人の筆頭に掲げられる。

「……現在も脈々と続いている『官軍教育』の中で『吉田松陰』という存在は、その代表的な偽りである。今も信じられている吉田松陰像とは、大ウソであると断じていい。維新の精神的支柱となった偉大な思想家、教育者であり、正義を貫き『安政の大獄』の犠牲となった悲劇の主人公——これが、私どもが学校教育、すなわち公教育によって教えられた吉田松陰である」

なるほど、日本史では、そう習ってきた。

原田氏は、断言する。

「実像は、全く違う。ひと言でいえば、松陰とは単なる乱暴者の多い長州人のなかでも、特に過激な若者の一人にすぎない」

そして、バッサリと斬って捨てる。

「若造といえばいいだろうか。今風にいえば、東京から遠く離れた地方都市の悪ガキといったところで、何度注意しても暴走族をやめないので、しょっ引かれただけの男である。ただ、仲間内では、知恵のまわるところがあって、リーダーを気取っていた。といっても、思想家、教育者などとはほど遠く、それは明治が成立してから山縣などがでっちあげた虚像である。長州藩自身がこの男にはほとほと手を焼き、ついには、士籍を剥奪《はくだつ》、家禄を没収している。つまり、武士の資格がない、とみられたはみ出しものであった」

「松陰は、大老伊井直弼《なおすけ》の暗殺も主張していた。また、政府転覆を堂々と主張し、藩に対して大砲を始めとする武器の支給を願い出たりしている。とにかく、斬殺、暗殺とわめく。これがまた、久坂や前原といった松陰同様の〝跳ね上がり〟には受けたようだ」

……原田氏の筆鋒の前には、さすがの松陰もかたなしである。

●青い目が登場しない史観とは

立場が変われば、人物評も、天地の差がある……ことの、典型である。

原田氏の血涙は、維新後、新政府により荒涼たる下北半島に〝流罪〟とされた会津藩の人々の苦衷、苦難に注がれる。

このように『明治維新という過ち』は、歴史の埋もれた維新美談の裏側から近代日本を照射した好著である、と思う。

しかし、惜しむらくは、本書に〝青い目〟が一人も登場してこないのだ。

維新は、日本国内だけの事情で起こったのではない。

そのモメントは、青い目の陰謀によって、極めて巧妙に、各所に仕掛けられていたのだ。

志士、幕臣、公家たちの群像は、自らの意志で幕末を駆け抜けたと思っていたはずだ。

ところが、極めて巧妙に、教導、扇動され狂奔させられていた……というのが、本書が明らかにした史実である。

裏の裏には裏がある……。

歴史は、狡猾《こうかつ》、悪辣《あくらつ》な企み……すなわち陰謀（コンスピラシー）で、動かされるものだ。

皮相は、いくらなぞっても皮相でしかない。

ヒストリーの語源は、〝ヒズ・ストーリー〟（権力者の物語）なのだ。

コンスピラシーの真意は「権力者の共謀」という意味である。

歴史の土壌は、掘って掘って、掘り尽くさないと……なかなか真理には、到達できない。

●松陰伝記の中身はアホ話ばかり

さらに、松陰像を探る。
「……長州の思想家、吉田松陰が分からない。大思想家というが、肝心の思想は見えず、大したこともしていない。それどころか、荒唐無稽な密航に挑戦して、失敗したとか、家老を殺そうとして生徒に止められるなど、伝わってくるのはアホのような話ばかりで、しまいには安政の大獄で切腹させられているのだ。どこをどう調べても長州の面汚しで、成果などゼロなのに、長州藩も明治政府も異常なほどの持ち上げ方だ」（加治将一氏、『幕末　維新の暗号』前出）
やはり、原田氏と同様だ。〝偉人〟のはずが、評価のしようもないレベルなのだ。
「松陰は、なぜそれほど有名なのか。きっとすべてが隠されているのだろう。しかし、それが分らず、苦しんでいたところ、正体をちらりと垣間見えたのは、吉田松陰名誉回復の場面だった」（同）
それは一八六四年（元治元年）五月二日、山口明倫館で、楠公祭《なんこうさい》が執り行なわれている。
そのとき、松陰を併せて祭祀《さいし》している。

「これで、充分だ。やはり、松陰は、南朝の崇拝者だったのだと確信した」（同）

加治氏は、何に〝確信〟したのか？

それは、松陰こそ、日本の近代史最大スキャンダル、明治天皇すりかえ事件の「立案者」である、と〝確信〟したのだ（参照第7章）。

●南朝の子を天皇にすべし

「……（松陰は）高杉晋作、桂小五郎、伊藤博文たちに、『長州に囲っている南朝の子、大室（寅之祐）少年を、天皇にすべし』という政治プランを、松下村塾で教えこんでいたとすれば、その天皇成り済ましゲームが現実となったのだから、とんでもない功績である」（加治氏）

「辻褄があう」と、さらに、彼は独自の推理をすすめる。

「『松』という字をばらせば『木＋公』となる。『松』＝『楠公』の隠語に見えなくもない。いや、『松』を『楠公』に見立て、南朝派の暗号として使っていたふしがあるのだ。『楠公』の『陰』が、吉田松陰であり、塾は『楠公』を上に敬うから、松下村塾なのではなかろうか、と感じるのは、妄想ではない」（同氏）

ナルホドと唸《うな》る推理だ。

吉田松陰は、むろん本名ではない。幼時の本姓は不明。幼名は寅之助と俗っぽい。

吉田家に養子に入り、大次郎と改名。通称は寅次郎。

松陰は、自らに付けた「号名」である。その他、「二十一回猛士」と自称している。

遺書には、こうある。

「……我が名は寅、寅は虎に属す。虎の特は猛なり……」

肖像画は、線の細いインテリを思わせるが、その内実は凶暴を秘めていたことがうかがえる。

●ほとほと困ったスパイ先生

加治氏の松陰像を、まとめると——。

「……松陰にかんする本は、けっこうある。（略）しかし、いくら読み込んでも、松陰がなにをやりたかったのか、さっぱり要領を得ず、また喝采《かっさい》を受けるほどの実績も見えない。にも、かかわらず、戦後、あれよあれよというまに伊藤博文、桂小五郎、高杉晋作の師、あたかも、日本の夜明けを導いた大思想家だったかのように、無条件で英雄として飾られているのだ」

「ここ（年譜）から見えてくるのは、松陰は、もともと探索、隠密畑にいたということだ。スパイである。そのうち、海外に密航したくなってかってに暴走し、二度失敗。幕府に捕まってぶらぶらしたあと、また国許にもどって松下村塾の教師に就くが、一年やそこらで突如、脳みそが痙攣《けいれん》したのか、驚天動地の公武合体派、幕臣老中暗殺を計画。よりにもよって、自藩に武器弾薬を工面せよ、と願い出て正気を疑われ、さらに、江戸にいた久坂玄瑞《くさかげんずい》、高杉晋作など教え子にもテロを呼びかける。時代を読めない先生だとばかりに、生徒にすらあきれかえられて、拒否の血判状を出される始末だ。逆上した松陰は、彼らに絶縁状を送りつける。ほとほと困ったスパイ先生なのである。処刑は、その約一〇カ月後だ」(『幕末　維新の暗号』(下)前出)
まったく、原田氏の松陰像と重なる。戦後、官制教育で伝えられる冷静沈着のイメージのある松陰像との落差はどうだ。明らかに、それは、大衆〝洗脳〟のため、ある意図をもって創作(捏造)されたものだろう。

西周：日本人メイソンと〝洗脳〟装置「明六社」

●徳川幕臣がなぜ出世した？

日本人メイソン第一号の記録が残っているのが西周《にしあまね》だ(左写真)。

彼は、まず日本側の「維新の悪人」筆頭にあげるべき人物だろう。

手元に評伝『西周――兵馬の権はいずこにありや』(清水多吉著、ミネルヴァ書房)がある。

しかし、本書は、どこをめくってもフリーメイソンの〝フ〟の字も出てこない。

目次にも、年譜にも、索引にも、〝フ〟の字もない。よくぞまあ、きれいに隠したものだと呆れる。つまりは、きれいごとの寄せ集めの偉人伝なのだ。

とかく、巷間《こうかん》に伝わる偉人伝とは、その類いのものばかり。

そんな文献を百冊集めても、歴史の真実など判るはずもない。

なにしろ、相手は国際秘密結社なのだ。秘密＝記録を残さない。これが鉄則だ。

メイソン第二号は、津田真道《つだまみち》である。

二人は、もともと幕府の洋学機関、蕃書調所《ばんしょしらべしょ》で蘭学を修めた同僚だった。

一八六二年、幕府の指示でオランダ、ライデン大学に留学、そこの教授フィッセリングから勧められて、まず西周が『ラ・ヴェルトゥ・ロッジ・6』でメイソンに入会した。

その一カ月後、津田も入会。なお、その頃、グラバーの手引きでヨーロッパに渡った五代友厚ら薩摩藩士らも、メイソンに入会したと伝えられる。その証拠が、五代が手帳に残した「廻国日記」には、パリ滞在中に幕臣である西周と津田に接触したことが記されている。

写真　西周

さらにブリッュセルでも合流。本来、敵味方であるはずの幕臣組と倒幕派が、メイソンリーとして欧州で密かに会っていた！

両者はグラバーを介してつながっていた。

西周は、徳川家、最後の将軍である徳川慶喜の側近として活動していた。

つまりは、幕臣である。一方、津田も幕臣エリートで、「大政奉還」にさいして、徳川家中心の「憲法案」を草案した人物として知られる。

二人とも徳川家に深く関わった重臣でありながら、明治の世になっても、新政府に重用されている。不思議である。二人に共通するのは「大政奉還」に関与したことである。

そこから、ロスチャイルドと背後で結んでいた、という指摘もある。それは「大政奉還」のシナリオを描いたのは、ロスチャイルドという事実から結び付けたものだ。

●「明六社」は日本〝洗脳〟装置

西周、津田は、揃って明治六年「明六社」という啓蒙団体を設立する（前出）。

これは、文明開化の美名の下、日本の欧風化を促進することが狙いだった。

フリーメイソン一号、二号が仕掛けたことから、メイソンの日本人〝洗脳〟機関であったことは、いうまでもない。そこには、多くの隠れメイソンが集結したことであろう。

「脱亜入欧」の宣言で知られる福沢諭吉、さらに高橋是清らも名を連ねている。

諭吉は『学問のススメ』という大ベストセラーを書いた作家としても知られるが、やはりフリーメイソンであった、という指摘もある。その尊顔は、今も一万円で拝むことができる。だいたい、お札に肖像が載《の》ることは、フリーメイソンの宣言みたいなもの。同様に一〇〇〇円の野口英世は、ロックフェラー研究所の研究員で、メイソンリーであったことは疑う余地もない。世界の主要国の貨幣発行権は、すべてフリーメイソンが支配している。

だから、紙幣に肖像画が印刷される……ということは、まさにメイソンの証しといえる。

諭吉は、明治知識人の鏡のように思われているが「日本郵船と組んで、日本のうら若き女性たちをアメリカに売春婦として送り込もうとした」と仰天スキャンダルが告発されている。

明治政府とメイソンが結んだ〝紳士協定〟

●メイソンリーは財界のスパイ

当然のことながら、西周、津田の他は、日本人のメイソンリーの記録は残っていない。

世界屈指の筋金入り秘密結社なのだから、原則として会員記録を残さないのは、当然だ。

メイソンの血の掟で、もっとも厳しい契約は、他のメンバーの名を漏らさないことだ。

漏らしたら、殺されることも厭《いと》わない……という入会の秘儀が、その厳しさを物語る。

これは、まさに秘密諜報員（スパイ）の黙約とまったく同じだ。

国際批評家ベンジャミン・フルフォード氏はメイソンについて、ズバリ「財界の秘密警察」と断じている。言い得て妙だ。スパイも、同僚スパイの名を絶対に明かさない。

だから、映画などでお馴染みの過酷な拷問があるのだ。

万一、メイソンの会員記録があっても、外部への漏出は一切厳禁だ。それでも、一部の会員記録が漏出している。たとえば、アメリカでは大リーガーの伝説的ホームラン王、ベーブ・ルースとか、ケンタッキー・フライド・チキン創始者カーネル・サンダースが、フリーメイソン会員だったことなどが公にされている。日本では、戦後、総理大臣となった鳩山一郎、さらにはプロレスラー力道山がメイソン会員であったという。

これらはフリーメイソン本部が、戦略的に公表したものだろう。これだけ、著名人も加盟していますよ。だから、国際的謀略団体ではなく、平和と友愛を求める親睦団体に過ぎないですよ、という偽装（カモフラージュ）である。最近でも、あの高須クリニックの高須院長が「フリーメイソンに入会した」と記者会見を開いて話題となった。これなど、大衆懐柔の典型例といえるだろう。まず、国際秘密結社に入会の記者発表など、一幕物のコメディだ。それを、メイソン側が認めたのは、自分たちが国際陰謀論の総本山とされている現実を打ち消すための、苦肉の策と思われる。テレビ東京の人気番組『やりすぎ都市伝説』で、リポーターの関さんが、メイソン本部の取材をOKされて、はしゃいでいたが、これも懐柔と偽装の一環だろう。

●保安条例で結社は届出制に

それでも、ジョージ・ワシントンやベンジャミン・フランクリンなど、フリーメイソン会員であった記録が残っている。それは、彼ら自らがメイソン会員であることを誇って、書き残したりしていたからだ。新聞を発行していたフランクリンは、自らの新聞に「グランド・マスターに選ばれた」と自慢気に記している。だから、まだまだ、自分達が秘密結社である、という意識もあまりなかったようだ。逆にメイソンであることを誇示する風潮も感じられる。日本に上陸してきたメイソンリーも同じようだ。なぜなら当時の外国人向け新聞広告には、堂々とロッジの集会案内が掲載されている。

考えてもみよ。現在の『ジャパン・タイムス』などにフリーメイソン秘密集会の広告が堂々と載ることを……。それは、決してありえない。だから、ある意味で、幕末日本は、彼らにとっては、のどかな新天地だったのだろう。

ところが、事態は窮屈《きゅうくつ》になってきた。一八八七年（明治二〇年）、保安条例が発動される。これは政治結社・集会の届け出制や、警察官の集会への立ち会いを定めたものだ。同条例は「秘密結社は禁止」とされていた。つまり、あらゆる結社に届け出と、集会には警察官の立ち会いが義務化されたのだ。

フリーメイソンの秘密会合に日本の警官が立ち会う……など、想像すらできない。

しかし、外国人メイソンたちは、不平等条約の治外法権により守られていたのだ。

●日本社会へ接触・宣伝をしない

ただ、この条約が改正されれば、外国人も特権を失い、逮捕されてしまう。

「……フリーメイソン側の記録によれば、これを恐れたメイソンが、お雇い外国人として日本政府の通信技術顧問であったW・H・ストーンを代表として、日本政府の外務大臣と面会して協議に及んだという（外務大臣は陸奥宗光か大隈重信？）。

ストーンはフリーメイソンリーの非政治・非宗教性を説き、欧米各国で政府に承認・支持されていることを強調したという。条約改正交渉を進めていた日本政府としては欧米各国と対立を深めたくない時期であり、その結果、フリーメイソンリーは、保安条例の対象外とする代わり、『日本人を入会させない』こと、『日本社会への接触・宣伝をしない』という〝紳士協定〟が日本政府との間に交わされたという」（ウィキペディア『日本のフリーメイソンリー』）

ここでいう〝紳士協定〟がミソである。さらに、この〝協定〟は、口答でなされた、という。公式記録すらない。つまりは、秘密裏に日本側はナアナアで処理したのだ。だから「日本政府の書類としては発見されていない」。だが「フリーメイソンリー側によれば、協定順守を申し合わせた記録が残っている、という」（同）。

つまり、日本側には記録を取らせず、自らは〝記録〟を残している。

まさに、フリーメイソンの狡猾《こうかつ》さだ。日本側が知らぬ、と言っても、「こちらには記録がある」と相手を黙らせることができる。

しかし、「日本人を勧誘しない」という〝紳士協定〟がある以上、表立っての勧誘は不能となった。これ以降は、日本人会員は、文字通り〝秘密会員〟となったものと思われる。

だから、記録が一切、見つからない……のも、当然だろう。

ちなみに、保安条例は一八九八年（明治三一年）廃止された。

しかし、日本における彼らの秘密性は、保持されたまま今日にいたる……。

華族の特権、年二億円で、みんな堕落……

●爵位、勲章でキンキラの晩年

さて――。日本人初のメイソンリー西周は、その後、どうなっただろう。

晩年の肖像画が残っている（上写真）。錦繍《きんしゅう》の正装エプロン（？）に勲章を幾つもぶら下げている。右手には礼装用の帽子。まさにキンキラキンの盛装である。ここには、功成り名遂げた男の晴れ姿がある（その割には、顔は、なんとも冴《さ》えずに不機嫌そうだ）。

啓蒙家であった西周は、他方で新政

写真　西周

府では陸軍参謀本部に出仕を命じられる。

文人でもあり、軍人でもあった。

「……二足の草鞋をはいていた西周は、その時々に自分の立場に『たじろぎ』『うろたえ』『くちごもって』いる。二足の草鞋《わらじ》どころか、多くの草鞋をはかなければ生きてゆけないのが、複雑な社会を生きるわれわれの姿だろう」（『西周』前出より）

むろん、西周も維新の偉君として、明治天皇から男爵の爵位を賜っている。

ただし、それは最晩年六九歳のときで、あまりに遅い出世ではあった。

ちなみに、文豪・森鷗外は六〇歳で病没しているが、やはり、最後まで男爵《だんしゃく》の爵位《しゃくい》をもらえなかったことを、悔しがっていた、という逸話が残されている。

ここで、明治時代の爵位について触れておく。それは、貴族の位階を表すものだ。

俗にいう――公《こう》・侯《こう》・伯《はく》・子《し》・男《だん》は、五段階の爵位を表す言葉だ。

ここでは、公爵が最上位、男爵が最下位である。

●元志士らは争って妾を漁った

「明治維新」により新政府は、江戸時代からの身分制度「士農工商」を廃止、「四民平等」とした。他方で「華族制度」を創設。天皇に使えた公家や元大名たちを、華族として天皇権力の下に組み込んでいったのだ。彼らは「卿《きょう》」「侯《こう》」などと呼ばれた。

さらに、明治新政府の擁立《ようりつ》に功労のあった志士たちも明治天皇は次々に爵位に叙し華族の地位を与えた。

華族に任じられると、巨額の報酬が政府から支給された。

その金額は、現代の貨幣価値で、月に約一八〇〇万円という巨額報酬である。

年収にすれば二億二〇〇〇万円近い。目の眩む巨費が、貧しかった維新の志士たちの懐に転がり込んできた。

貧困の極にあった元志士たちは、華族となり、豪奢《ごうしゃ》の極ともいえる地位と金員を手にする。

すると、考えることは、皆同じで、彼らは先を争って妾を囲ったのだ。

金と力を獲たら、次は女と、相場は決まっている。

かつての同志たちの堕落に、呆《あき》れたのが西郷隆盛だ。清貧の彼は、嘆き、屋敷に籠《こも》って、ヤケ酒を呷《あお》ったという。屋敷には、愛犬数十匹走り回っていた……というから、犬好きもきわまれり。元志士らの堕落に悲憤慷慨《ひふんこうがい》した者は他にもいる。

●板垣死すとも自由は死せず！

板垣退助だ。彼はしぶしぶ華族制度を容認したものの、「特権は一代限りとすべし」と強硬論を唱えた。それが、酒池肉林を謳歌《おうか》していた伊藤博文らには疎《うと》ましかった。

政権から追放、下野させられる。彼は、腐敗政権を打倒せんと、在野で自由民権運動を展開するも、岐阜において、暴漢に襲われ七個所も刺されながら奇跡的に一命をとりとめた。

そのときの台詞「板垣死すとも自由は死せず！」が、今も語り伝えられている。

これも、もしかしたら裏の裏はフリーメイソンのさしがねかもしれない。

なにしろ、博文がメイソンであることは、ほぼ一〇〇％確実なのだから……。

いつの時代も謹厳実直な直言居士《ちょくげんこじ》は、嫌われるものなのかもしれない。

ただし、明治の偉君に、彼のような真面目人間がいたことは、救いである。

さて、一八八四年（明治一七年）、明治政府は、さらに公・侯・伯・子・男爵の五位にして華族制度を強化している。そして、それは一九四五年の敗戦まで続くのである。

明治新政府の四民平等は、ウソっぱちだった。

華族階級という特権階級を彼らは創出し、権力基盤を強固なものにしたのである。

福沢諭吉：「学問のススメ」か？「売春のススメ」か？

●アヘン戦争を起こしたマセソン商会

福沢諭吉がメイソンであった、という公式記録は残っていない。

しかし、会員であったことは、間違いないだろう。

諭吉を操った勢力がある。それが、ジャーディン・マセソン商会（略：マセソン）だ。

一八三二年、貿易商人Ｗ・ジャーディンと、Ｊ・マセソンの二人によって中国、広州に設立された。経営するマセソン商会は、かつての東インド会社を引継ぎ、世界最大の商社となっていた。だから、Ｊ・マセソンら首脳陣がメイソンリーであることは、決定的だ。

諭吉は、この世界的メイソン会社と深く通じていた。

ちなみに、マセソンはアヘン戦争（一八四〇～四二年）勃発にも深く関わっている。

マセソンの主業務は、アヘンの密輸と茶のイギリスへの輸出だった。

当時の中国、清は、密輸されたアヘンに国民は冒されていた。当然、清国政府は、「アヘン禁止令」により、アヘン輸入を阻止、撲滅しようとする。

それを、妨害するためジャーディン・マセソン商会は、本国で強力な〝ロビー活動〟を展開し、英国による清国に対する開戦を画策するのだ。

裏工作の結果、イギリス本国の国会では、わずか九票という僅差で、英国は軍の派遣を決定した。つまり、アヘン戦争は、メイソンの〝仕掛け〟どおりに起こされたのだ。

●「賤業婦人」出稼ぎに許可を！

先述の、福沢諭吉の国際売春スキャンダルを聞けば、誰もが耳を疑うだろう。

なぜなら、福沢諭吉は、明治の偉人中の偉人として、今も称えられているからだ。

慶應義塾大学の創始者としても、あまりに有名で、その名を汚すようにことは、一言でもいってはならない……という雰囲気が今でもある。

しかし、ここで、その悪行の一端を暴くことになる。

諭吉は、以下のように主張している。

「賤業婦人の海外に出稼ぎするを、公然許可するべきこそ得策なれ」(『福沢諭吉全集』第一五巻)

「賤業」とは「賤しい職業」という意味だ。つまり、「賤業婦人」とは「売春婦」に他ならない。つまり、この〝偉人〟は、日本人娼婦を海外に送り出し、その売春によって利益を得ることが「得策」である……と公然と主張しているのだ。

いったい、誰にとって?

それは、まず送り出す船会社にとっての利益になる。

日本から大量の売春婦を海外に送り出して、膨大な利益を上げたのが日本郵船である。

●マセソン、福沢諭吉、明治天皇……

この日本による影の一大売春ビジネスを仕掛けた張本人が、福沢諭吉なのだ。

大英帝国は、一九世紀初頭、世界制覇をもくろみ、アジアに進出してきた。

支配の道具として用いたのが麻薬アヘンである。

アジア全域でアヘンを売り付け、英国への抵抗心を麻痺させたのだ。そのアヘンを商ったのがマセソン商会である。マセソンは英国がインドでアヘンを買い付ける資金を提供し、中国にアヘンを運搬する船の建造費を出し、アヘンの売上代金は、マセソンの銀行口座に振り込まれ、その資金で大量兵器が購入された。兵器は、むろん、中国、日本を攻めるためである。兵器の代金は、やはりマセソンの銀行口座で決済された。

つまり、フリーメイソンの超大物マセソンは、アヘンと兵器と金融の三大ビジネスを独占することで、膨大な利益を手にしたのだ。

英国政府も莫大なアヘン利益で兵器を調達し、その武力でアジア進出、支配をもくろんだ。他方、その事業における金融を一手に掌握したのがマセソン銀行である。マセソンは、中国の香港には香港上海銀行を支店として設置、東京には日本銀行を支店として開設した。

そして、日本政府の井上馨《かおる》、渋沢栄一に命じて、日本銀行を創設させた。

この二人を手取り足取り操ったのが、マセソン麻薬銀行のフレクサンドラ・シャンドである。

●騙され、売られた日本女性たち

麻薬王マセソンは、日本でもアヘンの汚染を拡大し、日本弱体化と支配を狙った。

しかし、中国と違い、日本では麻薬は売れなかった。

そこで、マセソンが狙ったのが、人身売買による売春ビジネスだった。

「……困ったマセソンは、福沢諭吉と、(明治)天皇に相談し、日本人女性を誘拐し『売春婦』として海外に『販売』することにした。貧しい農村の女性には『海外で豊かな生活ができる』とダマシ、良家の娘たちには『洋裁学校を紹介する』とダマシ、天皇と三菱財閥は、日本人女性を『売春婦』として、海外に売り飛ばした」（ブログ『この人を見よ。人間、福沢諭吉のした事』中川隆）

日本郵船は、岩崎弥太郎が創設した船会社だ。そして、グラバーとの極めて親密な関係から、岩崎弥太郎も明治期の主要メイソンと目されている。

「……天皇と三菱の経営する船会社、日本郵船がダマサレタ女性たちを、売春婦として海外に運んだ。大部分が処女であった日本人女性たちは、船の中で、『売春婦』として教育するため、英国人水夫たちに毎日、強姦輪姦された。これは『天皇』の命令である。天皇がダマシ、売春婦として海外に売り飛ばした日本女性の数は、五〇万人を超える。多くの女性は、二〇歳代で、梅毒などの性病で死に、または刃物で自分の喉を突き刺して自殺した。天皇一家の財産は、こうして作られた」（中川氏）

初めて聞いた人は、声もないだろう……。

●兵器支払いに売春利益を当てよ

日本の近代航路開拓の裏には、このような悲話が隠されていたのだ。

高校教科書『新詳説：日本史』にも、こう書かれている。

「海運技術奨励政策によって、日本郵船会社などの手で、次々と遠洋航路がひらかれていった。（注）日本郵船会社は、三菱会社と半官半民の共同運輸会社との合併によって一八八五年に設立され、一八九三年にはボンベイ航路、一八九九年には、ヨーロッパ、アメリカ、オーストラリアへの各航路がひらいた」

この日本郵船の大株主こそ三菱財閥と天皇家であった。

「……天皇家と日本郵船の深い関係は、明治時代から続いていた。この会社の船で娼婦たちが、海外に『進出』させられた」

福沢諭吉は、こう強調している。

「至尊の位と、至強の力を一に合して、人類の交際を支配し、深く人心の内部を犯して、その方向を定める」

「至尊の位」（天皇）と「至強の力」（三菱）を一にした「売春」利益は、これら二つの懐に吸収されたのだ。だから諭吉は「得策」と強調したのである。

日本は「明治維新」以来、海外侵攻を進めるため欧米から大量の兵器を買いまくった。

しかし、その代金の支払いに当てる金がなかった。

そこで、諭吉は「賤業婦人の海外に出稼ぎする公然許可」が外貨を稼ぐ「得策」と政府、天皇に進言したのだ。それを、やらせたのは、背後のマセソン商会などのフリーメイソン勢力であることは、いうまでもない。

「……天皇により経営される日本郵船により、欧米に『売却』された日本人女性は、一人残らず、現地に着くと即座に売春宿に『連行』され、監禁された。そして、売春を強制された」「初めての外国であり、逃げ場も、助けてくれる相手もいない」「数十万人の日本女性が、天皇によって売春を強制された。これが従軍慰安婦の原型である」（参照『ウサギたちが渡った断魂橋』新日本出版社）

富国強兵の掛け声のもと、海外に売り飛ばされた日本人娼婦たちは「からゆきさん」と呼ばれた。熊井啓《くまいけい》監督『サンダカン八番娼館――望郷』は、その悲劇と望郷を描いたものである。

岩崎弥太郎：三菱はメイソンのグラバーが大財閥に育てた

●弥太郎もロスチャイルドも同じ

「……弥太郎の上司といえる板垣退助や後藤象二郎は西郷と同様の『征韓論』だったわけだが、その征韓論に関して、弥太郎は弟、弥之助への手紙で、次の趣旨の感想を述べている。『彼らの論争は、公ではなく、私の問題にすぎない。われわれは局外者として、彼ら群雄の疲労を待っていればいい』」（中野明著『岩崎弥太郎「三菱」の企業論』より）

この下りを読んだ鬼塚英昭氏は「なんたることだ！」と驚愕する。

「……ロスチャイルドは、公を私ととらえ、私のために公を利用した。もっと、やさしく表現するならば、ロスチャイルド家の利益になるならば、戦争が起きるようにさえ国家を動かした。その戦争で人々がいかに悲惨な状況に置かれようとも、ロスチャイルドは一向に意に介しなかった。その戦争で人々がいかに悲惨な状況に置かれようとも、ロスチャイルドは一向に意に介しなかった。

を持っている。岩崎弥太郎は、ロスチャイルドが悪用したフィヒテ哲学の『正・反・合』の思想を持っている。どちらに転ぼうとも、利益を得る方法を考えて行動している」「内乱、戦争とは結局、私的に考えて、『三菱は局外者の立場に立ち、敵対者たちが戦争に入らんとするとき、必要に応じて、双方に武器や食糧を売り付ければよい。そのうち、彼ら群雄は疲労する。すなわち、戦争はいずれ終わるから、そこでまた、巨大な利益を挙げればよい』ということである」（鬼塚氏『日本の本当の黒幕』（上）前出）

これこそ、まさにイルミナティの頭目、ロスチャイルド家の二股作戦そのものだ。

その弥太郎の指南役がグラバーだった。

●グラバーが育てた三菱財閥

「三菱が一大財閥へと成長したのはトーマス・グラバーのおかげ？」という指摘がある（『フリーメイスンの謎と正体』前出）。

つまり「三菱財閥創始者・岩崎弥太郎とフリーメイソンは蜜月関係にあった」。

その証拠や記録は数多く残されている。

「トーマス・グラバーが日本に来て以来、彼の影響により多くの日本人がフリーメイソンのメンバーに引き入れられた。そして、そんなグラバーと最も親密な関係にあった人物といえば、三菱財閥の創始者である岩崎弥太郎だ。一八八五年には、グラバーが三菱の相談役に就任していることからも、ふたりの関係の濃さがわかる」(同)

弥太郎とグラバーは、坂本龍馬の手引きで出会った、と伝えられている。

やはり、龍馬と同じ、土佐出身であった弥太郎は、開成館の長崎出張所の「土佐商会」で、欧米商人からの武器・船舶の輸入業務を担当していた。だから、グラバーと懇意になるのも自然な成り行きだった。意気投合した二人はビジネス・パートナーとなる。

その後、弥太郎は、大阪の九十九商会に移り、これを三菱商会と改名した。

他方、グラバーは不運に見舞われる。「明治維新」で新政府が樹立され、戦火が治《おさ》まると、まったく武器が売れなくなり、グラバー商会は破産してしまう。

●グラバーの記録を封印した三菱

しかし、その後も彼は日本にとどまり、弥太郎の相談役として、三菱財閥を育てていった。

「……グラバーとタッグを組んだ三菱は、安田や三井など名家にも引けを取らない一大財閥にのし上がっていく。一九一一年、グラバーが死去すると、彼に関する資料をすべて三菱が買い取ったため、グラバーの三菱での仕事ぶりは明らかになっていない。ただ、三菱の躍進を支えたのはグラバー、すなわちメイソンの影響力があったことは間違いないだろう」(同)

巷間では、弥太郎もメイソンであった、と言われている。しかし、記録は残っていない。ただし、グラバー没後、すべての関連情報を確保し、もみ消した……というのは、まさに秘密結社のやりくちである。
「……グラバー亡きあとも、三菱にはメイソンの人脈が残ったといわれている」（同）
ちなみに弥太郎は、大酒の飲みすぎで五三歳の若さで死んでいる。
三菱は、日本郵船の大株主であり、それは、「からゆきさん」という売春婦〝輸出〟という汚名を隠してきたことは、先述のとおりである。

田中光顕：真の黒幕！　天皇の秘密を握った男

●九五歳、闇から支配した妖怪

『日本の本当の黒幕』（上・下）（成甲書房）という大部の本がある。

著者は、鬼塚英昭氏。在野の歴史研究家として知る人ぞ知る論客だ。

彼は、この分厚い二冊の著作で、近代日本の黒幕は田中光顕《たなかみつあき》である、と断じる。

田中光顕は、維新研究家の間では、二流の志士とされている。次頁写真を見る限り、覇気も伝わって来ず、茫洋《ぼうよう》とした印象だ。

この線の細い男が、どうして、近代日本の黒幕に変貌《へんぼう》したのだろう。

まずは、彼が近代日本を裏で操った妖怪として生きる事を可能にしたのは、その長命であった。彼は、なんと九五歳の長寿をまっとうしている。

若死、斬死……夭折《ようせつ》の志士たちが多いなかにあっては異例の長寿といえるだろう。

「……そこには、この日本という国家がひた隠しに隠す大いなる秘密が透いて見える」（鬼塚氏）

写真　田中光顕

〝大いなる秘密〟とは、ズバリ「明治天皇すりかえ事件」である。

近代日本最大のスキャンダルを田中光顕は、すべて知り尽くし、それをすべて呑み込んで生きた。彼は終生、日本という国家の弱みを握って生きたのである。

こうして、彼は政治の黒幕としての地位を確保した。

さらに、彼は財界の黒幕としても生き続ける。最大の金ヅルを死ぬまで手放さなかった。

それが、三菱との深い因縁であり癒着《ゆちゃく》である。

●彼も残虐テロリストの一人

「……田中光顕と岩崎弥太郎が深く結び付くのは、坂本龍馬が暗殺された後からである。岩崎弥太郎が巨大化し得たのも、田中光顕の力に負うところが大きい。逆もまた同じである。三菱という大きな力を背景にして、田中光顕は闇の世界の支配者となっていくのである」（『日本の本当の黒幕』（上）、前出）

光顕は、後に『維新夜話』という著書を残している。志士の一人だった若き頃の思い出話だ。

「……私は『維新夜話』を読み進めているうちに、田中光顕は土佐の刺客、岡田以蔵、岡本八之助、村田三郎らと同様にテロリストである、と思うようになった」（鬼塚氏）

それも、そのはず。なんともその惨殺ぶりが凄まじい。『維新夜話』より引用する。

「……島田左近、本間精一郎、宇郷玄蕃《うごうげんば》を次つぎに天誅の実を挙げた同志は、意気軒昂《いきけんこう》、武市《たけち》瑞山《ずいざん》の『左京日記』に〝大姦〟と記された目明《めあか》し、猿《ましら》の文吉、奸商《かんしょう》・平野屋根寿三郎、煎餅屋・半兵衛、与力《よりき》・渡辺金三郎、同心・大河原十蔵、同心与力・森孫六などなど、槍玉に挙げて行った」

目明し、商人から煎餅屋、与力、同心まで〝大姦〟とされた人物を殺しまくり、さらに、それを大いに自慢している。

「……『あんな犬猫同然の者を斬るのは、刀の汚れである、締め殺すのが宜しい』、とばかりに岡田以蔵、阿部多司馬、清岡治之助らに、細引で縛り殺された目明し（猿の文吉）は（中略）志士たちの動作を索り、幕吏に報告した。その為に戊午の大獄から、どれだけの志士が犠牲にされたか解らなかった。（中略）三條河原へ引きずり出して絞め殺し、丸裸にして木綿晒屋の杭に下腹胴中を男帯で縛りつけ、首と両腕を細引で縛ったままにしてあった」（同）

いやはや、この殺し方、晒《さら》し方に声もない……。

●尊皇攘夷思想は一種の熱病

鬼塚氏は、こう述懐する。

「……私は、尊皇攘夷思想とは、一種の熱病であったと思っている。彼ら志士たちは、生活の糧を得るために、『猿の文吉』や奸商《かんしょう》・平野屋根寿三郎、そして煎餅屋・半兵衛たちを脅し、金を巻き上げては遊飲を繰り返す悪党たちではなかったのか」（同書）

これは、『明治維新という過ち』（前出）の著者、原田氏とまったく同じ見方だ。

尊王攘夷という熱病に冒された若者たちは、別の見方をすれば、凶悪な強盗集団でもあった。

「……藩主、家老などの支持を受けて動いた西郷隆盛や大久保利通は志士ではなく、薩摩藩の〝役人〟なのである。田中光顕は三流の志士から出発して、二流そして一流の志士となった。同じ、土佐藩でも後藤象二郎や福岡孝悌《ふくおかたかちか》などは志士ではない。土佐藩の役人として任務を勤めただけなので志士とはいえないのである。三流の志士から一流の志士になっていく過程で、田中光顕が複雑怪奇小説のような人生を生きていくことは何ら不思議なことではない」（鬼塚氏）

●孝明天皇暗殺、明治天皇すりかえ

「明治維新」を成し遂げた背景には、一般から募集された〝民兵〟の存在がある。俗にいう奇兵隊である。高杉晋作が組織し、その数は一六一隊、五〇〇〇人にたっしたという。それは、遊撃隊、力士隊、八幡隊《やはたたい》などの民兵たちであった。しかし、明治新政府の樹立後の一八六九年、長州奇兵隊が山口藩庁を取り囲み、反旗を翻《ひるがえ》した。

つまり、新政府に報償と地位を求めたのだ。しかし、木戸孝允は、これを徹底弾圧し、斬首刑は三三人にも及んだ。逃亡者の探索は一〇年にも及んだという。こうして、倒幕に貢献した民兵組織は、報償どころか新政府により無残にも壊滅させられた。

「……なぜ、彼（木戸）は、奇兵隊の叛乱にかくも残忍になれたのか。苦労に苦労を重ねて、やっと手に入れた身分と地位、そして甘い生活を捨て切れなかったのである。これは木戸孝允だけの問題ではない。その一番のよき例が大久保利通である。彼は伊藤博文と田中光顕を秘書役として使う。二人は、大久保の命じるままに闇の世界へと流れていく。孝明天皇と睦仁暗殺も、二人が大久保利通と岩倉具視の策略に協力した可能性が高い」（鬼塚氏）

つまり孝明帝暗殺、明治帝すりかえ……という二大スキャンダルを間近で知る男だったのだ。

●鉄筋コンクリート、鉄扉の寝室

こうして、田中光顕は明治、大正、昭和を生き抜く。

それも、日本の黒幕にふさわしい豪奢な生活ぶりだった。

「一体、田中は金持ちであったのか、貧乏だったのか、この巷間でいう豪華な生活費は、どこから出たのか……」（村本喜代作著『交友六十年』）

それは、いうまでもなく三菱からであった。

「……三菱が巨大な財閥となったのは人的には、田中光顕と、その背後にいる山県有朋の力添えだと考えている。台湾出兵と西南戦争での利益が最初の基礎となった」「岩崎一族は『日本のロスチャイルド』と呼ばれるようになる」（鬼塚氏『日本の本当の黒幕』（下））

狡智《こうち》に長《た》けた田中光顕は、これらの全て証拠を握っていたはずだ。

だから、終生、三菱は、この妖怪のような老人に大金を支払い続けたのだ。

弱みを握られた側は、相手がこの世を去ることを願う。だから、〝握った側〟は、身辺に細心の注意を払う。その典型が、田中光顕の要塞のような住居であった。

それは「宝珠荘」と呼ばれた西洋風の豪邸であった。その寝室は「……四方鉄筋コンクリートで固めた箱のような部屋で、高いところに息抜窓がある。入口は部厚な鉄扉であるが、その内側に襖があり、壁も天井も華模様の華麗な壁紙をはってあり、両側に大鏡のついた衣類戸棚」と、要塞なみの堅牢な造りなのだ。

「……二・二六事件にしても、五・一五事件にしても、田中ほどの用心深い寝室設備があったとしたら、悠々《ゆうゆう》、硝子窓から覗き見て、電話で外部と連絡し、おもむろに、その惨劇を善処することが出来たであろう。あの部屋の部厚な鉄筋コンクリートの壁と、特別鋼の鉄扉とは、ピストルは勿論、手榴弾でも機関銃でも歯がたつまい。田中光顕の性格には、こうした用意周到な一面があった」（『交友六十年』前出）

これだけ周到だったから、彼は九五歳の天寿をまっとうできたのである。

●美妾と骨董と八一歳の子！

田中光顕は、力と金をこうして握った。そして、色の道でもぬかりはなかった。

田中は、初対面の人間に、なんの遠慮もなく、隣の美しい妙齢の女性をこう紹介した。

「これは、ぼくの妾だが、よろしく」。彼は、若いときに妻に先立たれたのち、正式の妻は迎えなかった。妾と紹介された女性は、九州大藩の家老の家柄に生まれたと言い、美貌の上に理知、聡明で、書道、絵画、彫刻、詩歌に通じる才女でもあった。

そして、光顕は八一歳にして子どもをつくったという。

その精力絶倫ぶりにも驚嘆する。

また、田中は、美術品、骨とう品のコレクターとしても周囲を驚かせている。

なにしろ、古書や書画を数万点も収集しているのだ。

その資金は、いったいどこからでたのか？

それこそ、三菱財閥のバックアップなしには、なしえなかった蕩尽《とうじん》の極みだったのだ。

写真　田中光顕（晩年）

「こうして、田中光顕は「三菱財閥の資金で、政敵をテロで排除しながら、大日本帝国を策謀で操ってきた」（鬼塚氏）

まさに、近代から現代にかけて、潜んできた妖怪なのだ。

最晩年九五歳の田中光顕は、黒幕の名に恥じない妖気を全身に漂わせている……（右写真）。

世界で多発した熱き「青年党」革命運動

●仕掛人マッツィーニの狙い

幕末、志士たちは「幕府打倒！」で狂奔していた。

その同時期、世界では一体なにが起っていたのか？

実は、全く同様の若者達による革命運動が勃発していた。それが「青年党」革命運動である。

それは貧しい青年達が徒党、党派を組んで、既成権力を打倒せんとする運動である。

幕末日本の尊王攘夷、勤皇派の志士たちの決起も、これら世界「青年党」運動の一環であった。そう主張するのは歴史研究家、落合莞爾《かんじ》氏である。

世界各国で一斉蜂起した青年達の決起運動は、決して偶然に同時多発したわけではない。そこには、狡猾な闇の仕掛人がいたのだ。

それが、イタリアにおけるフリーメイソンの首領（ドン）マッツィーニである。

「……世界中を席巻した（イタリア、メイソン首領）マッツィーニの青年党運動は、ヴェネツィア党（ワンワールド勢力）が世界中で一斉に仕掛けた『下からの社会改革運動』によるもので、日本だけ例外扱いできない」（『国際ウラ天皇と数理系シャーマン』成甲書房）

幕末の志士たちの〝革命運動〟も、メイソンの世界革命『世界青年党』運動の一環だった……という大胆な説である。

「……『薩長同盟』を中核とする薩長土肥の士族・下士によって結成された『青年日本党』が明治維新の実行部隊であった。それを育成する役割はフルベッキに委ねられたと見るべきであろう」（同氏）

つまり、勤王派志士も、彼らはまったく気付かないうちに、巨大陰謀の一翼を担わされていた……という指摘である。

同時期には――「青年ヨーロッパ党」「青年アメリカ党」「青年イタリア党」「青年スイス党」「青年コルシカ党」「青年ユダヤ党」「青年インド党」――など、枚挙に暇がないほど、数多くの「青年党」が世界各地で一斉に結成されている。

これは、偶然では絶対にありえない。

まさにメイソン世界支配の一環として、同時多発するべく巧妙に仕掛けられたものだ。

背後で暗躍、画策、領導《りょうどう》したのが「パイク書簡」の宛先マッツィーニであった。

この事実は意味深長である。つまりは、「世界青年党」運動も……第一次、二次そして三次大戦……そして、フリーメイソン宿願の世界統一支配（NWO：ニュー・ワールド・オーダー）へ至る布石なのだ。

勤皇派＝青年党という図式に気付けば、改めてメイソン世界戦略の遠大さに、言葉をなくしてしまう。

第６章　孝明天皇は、伊藤博文に刺殺された

——下忍テロリストは、かくして総理大臣となれり

「伊藤さんが孝明天皇を殺しました」（安重根）

●韓国万歳！　奉天駅七発の銃声

「伊藤博文は、孝明天皇を暗殺した」

こう書いたら、歴史マニアでも卒倒するだろう。

そのとおり！　と、もしあなたがうなずいたなら、相当の知識の所有者といえる。

「博文は、孝明天皇を刺殺しました」

こう公言したのは、誰あろう安重根《あんじゅうこん》その人である。

安重根は、奉天駅頭で伊藤博文を銃殺したことで知られる。博文は、韓国にとって「国を奪った大悪人」である。安重根は、その盗人に懲罰を与えた英雄に他ならない。

げんに、安重根は、今も国を救った英雄として、韓国国民から栄誉を称えられている。

それは、秀吉の軍勢を撃破した李舜臣《りしゅんしん》将軍と並ぶ韓国の二大国父の一人なのだ。

一九〇九年、秋も深まる頃、中国ハルピン駅頭で、閲兵儀式中に、ロシア兵の隊列の間を縫って躍り出たハンティングを被った「斬頭《ざんぎりあたま》洋装の男」が、五メートル前方を歩く博文の後ろ姿に向けて拳銃ブローニングを三発発射。それは、博文の胸腹部に命中。つづけて四発を周囲の随員に向けて発射した。これは、随員が替え玉であることを想定したからだ。

すぐさま、男はロシア兵たちの巨体に押さえ付けられた。

そのとき、ロシア語で「ウーラー・コーリァ！（韓国万歳！）」と三回叫んでいる。

博文は医師団が応急手当てに努めたが……。

「急所に命中しており、手当てのほどこしようもなく、（侍医）小山のすすめたブランデーを飲み干し、さらに次の一杯を飲んだ。間もなく、顔色蒼白となって意識をうしない、午前一〇時、負傷後、およそ三〇分で息が絶えた」（『安重根と伊藤博文』中野泰雄著、恒文社）

●明治帝父親弑殺《しさつ》、大逆不道《たいぎゃくふどう》の事

捕らえられた安重根は、裁判にかけられる。

襲撃の動機を問われて、彼が掲げたのが「一五箇条斬奸状《ざんかんじょう》」である。

博文の一五箇条にも及ぶ罪状を口頭で連ねたものだ。

その中に、衝撃の告発証言があった。

「四二年前、現日本皇帝（天皇）の父君に当たる御方（孝明天皇）を、伊藤さんが、失い（殺し）ました。この事は、皆、韓国国民が知っております」（裁判尋問記録を要約）

その一五箇条には、次のような告発もあった。

①指揮して韓国王妃（ミンピ）を殺害。②兵力で極めて不平等な条約を押し付けた。③軍事上非常に不利益な条約を結ばせた。④強圧で韓国皇帝を廃位させた。⑤韓国軍隊を解散させた。⑥韓国義兵を弾圧、多数を殺害。⑦韓国政治など権利を剥奪。⑧学校教科書を没収焼却。⑨韓国民に新聞購読を禁じた……など。

日本側裁判官は、まず、「博文が孝明天皇を殺害した」という〝罪状〟告発に凍り付いた。

その後、安重根は獄中で「伊藤博文、一五箇条斬奸状」を書き上げている（原文、漢文体）。

そこでも、孝明天皇暗殺について「一八六七年六月、日本の明治帝父親弑殺、大逆不道の事」と、法廷証言より、さらに詳しく告発している。

ちなみに、この安重根の裁判記録でもある「一五箇条斬奸状」は、一切が極秘とされ、日本国民の目から隠蔽されてきた。

「……噂によれば、（孝明）天皇（みかど）は天然痘に罹って死んだということだが、数年後に、その間の消息に通じている一日本人が私に確言したところによると、毒殺されたのだという」と後の英国公使アーネスト・サトウは日記に記している。

暗殺説が世情広く流布していたことが分る。

サトウは、ここで孝明天皇を厳しく批判している。

「この天皇は、外国人に対していかなる譲歩をなすことにも、断固として反対してきた」

事件を〝伝聞〟として書きながら、暗殺を真っ向から肯定しているのだ。

ここに、私はサトウの暗殺への関与あるいは関知を感じとるのだ。

長州の下忍テロリストだった若き博文

●家茂、孝明暗殺は薩長の密約

明治政府、初代総理大臣、伊藤博文こそ、まさに明治偉勲《めいじいくん》の筆頭だろう。

ところが、その出自を知る人は、極めてすくない。博文の幼名は俊輔《しゅんすけ》である。

長州など山陰地方に伝わる忍者集団は「乱破者《らっぱもの》」と呼ばれていた。彼等の間に伝えられた「乱破の術」とは、情報収集や破壊活動である。その中には、当然、暗殺も含まれていた。

当時の伊藤俊輔は、足軽より身分の低い下忍だった。「乱破者」の中でも最下層だ。

下忍に課せられた役割は、まず暗殺である。

それは、毒殺、斬殺など様々な密かな技法が伝えられていた。

「……一八三六年（天保七年）毛利斉熙《なりひろ》、斉元《なりもと》、斉広《なりとう》と三人の（長州）藩主が、相次いで変死しているが、これらはおそらく毒殺であったろう」「こうした忍者の伝統は、幕末まで連綿《れんめん》として続いていた。薩長の密約によって、将軍家茂と孝明天皇を暗殺するさい、実行部隊として長州の忍者部隊が選ばれたのは、むしろ自然な流れであるというべきである」（松重楊江著『日本史のタブーに挑んだ男』たま出版）

ここで、将軍家茂と孝明天皇の暗殺は、薩長の合意による謀略だったことがわかる。

博文がテロリストだったことを物語るエピソードがある。

写真　伊藤博文

若き伊藤俊輔の写真は、大刀を右手にまさにテロリストを思わせるなかなかの迫力である（上写真）。

「……一八六二年（文久二年）一二月には、高杉晋作らと英国公使館を焼き討ちし、山尾庸三とともに、国学者・塙次郎を斬殺している」（同書）

これらの働きで、俊輔が士分に取り立てられるのは二二歳のときである。

それまでは、下忍として白刃を振るい違法なテロ事件に数多く関与していたのだ。

マセソン商会に招かれた長州五人の若侍

●突如英国に密留学〝長州ファイブ〟

その翌年、伊藤らは思わぬ行動に出る。なんと、突然、英国に密留学したのである。同行は井上馨、野村弥吉ら四名。これが、俗にいう〝長州ファイブ〟だ（上写真）。

写真　長州ファイブ（上段左から遠藤謹助、野村弥吉、伊藤博文、下段左から井上馨、山尾庸三）

しかし、下忍から下級武士になりたての博文にとって、まさに夢のような計らいだ。

テロリストとしての〝功績〟が高く評価されエリートに選抜されたのだろう。

ちなみに、この英国留学の手配を担ったのがグラバーとアーネスト・サトウと言われる。

サトウはこう書き残している。

「……（下関砲撃で）長州人を

破ってからは、われわれは長州人が好きになっていたのだ。また、長州人を尊敬する念も起こったが、大君（将軍）の家臣たちは弱い上に、行為に裏表があるので、われわれの心に嫌悪の情が起き始めていた」（『一外交官の見た明治維新』前出）

それにしても英国公使焼き打ちのわずか一年後である。ここには、倒幕派の長州に肩入れする英国の立場が鮮明だ。

〝かれら〟は、長州人を新政府の要人に据えて、コントロールすることを考えていたのだ。だからこその、破格の留学の取り計らいであった。

この留学費用は、現在の邦貨にして一〇億円弱という。一応、表向きは長州藩が工面したことになっている。しかし、私は英国側が〝招待〟したものと見ている。

将来的には、その数十、数百倍もの〝見返り〟があることを〝かれら〟は見越していたのだ。

●メイソン・ロッジに五人を〝招待〟

あれほどの攘夷派だった博文は、留学の途端に、開国派に転じている。

「開国派をあれほど斬殺しまくってきた人間が、これほど簡単に転向するものでしょうか」（奇埈成著『天皇は朝鮮から来た!?』ヒカルランド）

伊藤ら五人の若侍たちの英国での行動の詳細は謎に包まれている。

往復の海路で半年を要しており、博文の英国滞在は半年間であった。五人は英国随一の大商人マセソン商会会長のマセソン邸に寄宿し、英語などを学んだとされている。

マセソン商会は、当時、世界最大の武器貿易会社である。グラバーは、その忠実な部下だった。そして、フリーメイソン会員であったことは、いうまでもない。

だから、マセソンが英国フリーメイソン首脳であったことは、間違いない。

「私は、伊藤らは英国フリーメイソン・ロッジ本部に〝招待〟された、と見ています。発展途上国のリーダーたちを取り込むのは〝かれら〟の常套手段です」（同書）

まず、マセソン大豪邸に一歩を踏み入れた五人の若者たちの驚愕、賛嘆が目に浮かぶ。

その豪奢な空間に腰を抜かしたことだろう。フリーメイソンに入れば、自分たちも、この豊かさを享受できる……！　私は、マセソン微笑みの勧誘に、五人は高揚して応じた、と確信している。

こうして、〝長州ファイブ〟は、英国では〝マセソン・ボーイズ〟と呼ばれる。

マセソンの手のひらに載った五人の少年という意味だ。

〝かれら〟はメイソンの思惑（計略）どおり、帰国して全員が明治新政府の閣僚となる。

とくに見込まれた博文は、内閣総理大臣の椅子を〝授与〟されたのである。

博文の忍者刀に残る多くの人の斬殺痕

●『英雄色を好む』放埓《ほうらつ》な色欲

「英国留学もそこそこに、翌年には帰国して、英国艦隊との講和に奔走し、この年の年末には、長州の（奇兵隊）力士隊の挙兵に従っている」（同書）

この力士隊に参加した一人の少年が、博文が幼年より親しんだ大室寅之祐であった。

俊輔は、明治の世になると、名を博文と改めた。

そして、総理大臣という最高位に就くのである。

しかし、功成り名遂げた後も異常なほどの刀剣収集癖があった。晩年には名刀を数十振りも集めていたほど。夜半に独り、鞘から抜いて、その妖しく光る刃先を見入るのが趣味であった。

若い頃の斬殺の瞬間を思い起こしていたのであろうか。

刀剣収集とともに、博文は色道でも異常を極めた。若い頃、人を斬殺した後の興奮を女を抱く事で鎮めた、と伝えられ、その女遊びの放蕩ぶりは、朋友でもあった明治天皇（大室寅之祐）までもが、たしなめたほど、という。

その放埓《ほうらつ》な色欲は評伝『英雄色を好む』（南條範夫著、文藝春秋社）に活写されている。

小説仕立てだが、ほとんど史実だろう。

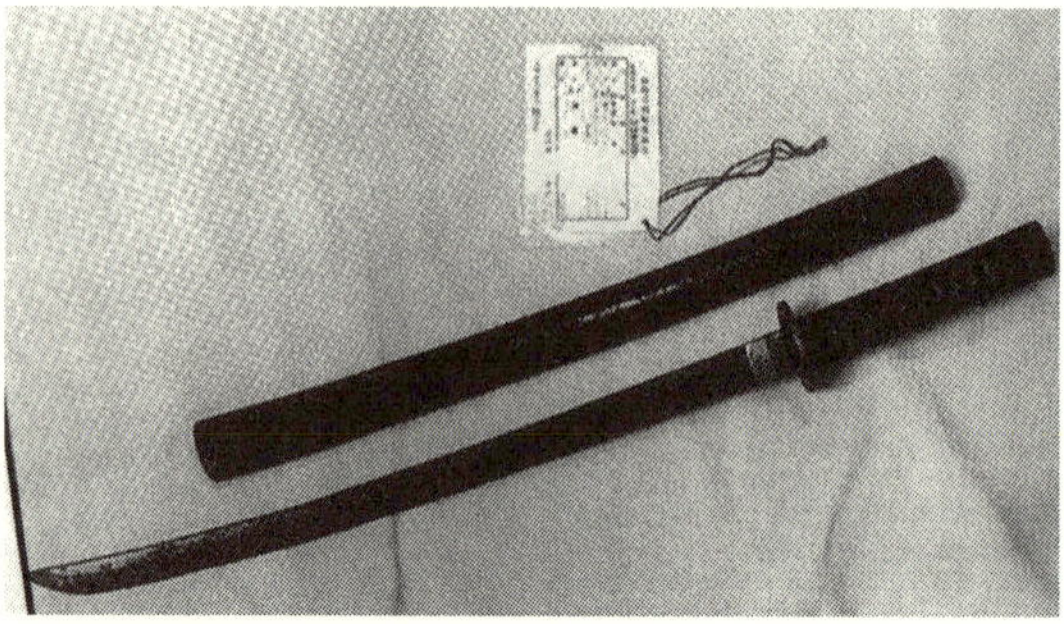

写真　忍者刀

●多くの人の血を吸っている

博文の刀剣収集癖、意外なところで、孝明天皇暗殺の〝物証〟を残すこととなった。

それを立証したのが『日本史のタブーに挑んだ男』（前出）だ。

ハルピン駅で不慮《ふりょ》の死を遂げた伊藤博文。その遺品は、今も「伊藤公資料館」に保管されている。この中に、博文が愛用していた忍者刀があるのだ（上写真）。

これは、遺品の中でも未登録の刀であった。そこで、一九九五年、警察を通じて文化庁の専門係官が鑑定した。この忍者刀は普通の長刀の刀身の根元を短く切って、作り直していた。長さは、普通の刀と脇差しの中間。これが、俗にいう〝忍者刀〟である。長刀では室内や木立ちの中などでの斬り合いに不利だ。〝忍者刀〟なら鴨居や柱に触れずに自在に繰れる。この愛用刀の存在こそが、博文がテロリストだったことの、何よりの証しだ。

「……そのとき、刀身をじっと見ていた文化庁の鑑定人が、

『この刀は人を斬った刀で、刀全体に脂がべっとりついていますね』という。脂には塩気があるから、人を斬ったあと、拭《ぬぐ》わずに鞘に納めると中が汚れる。そのまま一〇日も放っておくと刀に錆びが出て、次の斬り合いのとき折れる事もあるという」「だから、人を斬ったあとには、必ず鹿のなめし革で刀をよく拭ったのち鞘に納められていたようで、鞘から出すときすんなり抜けた」（同書）

なかなか迫力のある下りだ。これぞ、博文テロリストの動かぬ物証といえる。

斬殺後の手入れも、手慣れたものだったのだ。それでも……。

「長年の間にジワリと脂が浮き出して刀身全体がどす黒くなり、所々に泡のような錆状のものが付着している。この刀は、それほど多くの人の血を吸っているもので、やはり維新動乱の時代に幾度となく使いこなされた『忍者刀』に違いない。調べてみれば、孝明帝の血痕も出てくるかもしれないのである」

歴史研究家の鹿島昇氏は、ドキッとすることを綴《つづ》っている。

博文の孝明天皇刺殺、決定的証人、現る

●刺殺説の証人、宮崎鉄雄氏

孝明天皇の暗殺説は、歴史研究家の間では、有名だ。

その根拠は、天皇が徹底した攘夷論者であったこと。開国を進める幕府だけでなく、それまで攘夷派だった薩長までもが、開国に転じている。すると、双方にとって最大の邪魔者が孝明天皇であったのだ。薩長が家茂に続いて、孝明天皇の暗殺を密企《みっき》したのも、その流れからだ。

孝明天皇が暗殺されたであろうことは、死後二週間も、その変死が抑えられたことで判る。

これは異例中の異例と言わねばならない。

つまり、死因をどう繕《つくろ》うかで、宮中もパニックとなったのだ。

その暗殺方法についても、「毒殺説」と「刺殺説」と二説がある。

さて——。孝明天皇暗殺事件を追っていた鹿島昇氏の前に、決定的な証人が現れる。

それが、宮崎鉄雄氏だ。彼は作曲家としても高名であった。すでに九七歳と高齢であったが身体は頑健で頭脳も明晰、記憶力もはっきりしていた。

私は『日本史のタブーに挑んだ男』(前出)で、鹿島氏に関するこのくだりに出会った。目を疑った。

●レイバン九三歳との親交

じつは、私も若い頃、偶然にも都内の盛り場で宮崎鉄雄氏と出会い、意気投合、親交を結んでいたからだ。もう三〇年近くも前の思い出だ。

そのとき九三歳とおっしゃったが、その若々しさに目を見張った。

長身で高級ダブルスーツの胸板は厚く、背筋は伸び、いつもレイバンのサングラスをかけていた。そして、英国風の帽子が実に似合っていた。はやくいえばダンディなのである。

高級スナックでひょんなことで知り合い、グラスを傾け、交歓《こうかん》した。

彼は私に酒をすすめながら、にこやかにこう言った。

「船瀬さん、あんたが気にいった！　人はいい。歌は巧い」と笑顔でグラスを掲げた。

私は調子に乗ってマイクを握り、「およげ！たいやきくん」を熱唱したら、レイバンが満足そうにうなずき、ゆったり拍手してくれた。

彼は、若い頃、あの東海林太郎《しょうじたろう》のピアノ奏者として、地方巡業を一緒にしたという。

直立不動で歌う、紫綬褒章歌手の意外な赤裸々な素顔も、色々話してくれたが、それは割愛する。年賀状までやりとりする間柄となったが、その賀状に大きく手書きで「寅之祐《とらのすけ》の正体を明かすまで死に切れない」と書かれてあった。

「寅之祐？」

余りに唐突な文字面で、若い私には、なんのことやら全く解らなかった。

宮崎鉄雄氏は、さらに自伝的小説『死んでも倒れなかった』も恵贈《けいぞう》してくださった。

鹿島氏の著書によれば、彼が宮崎氏に出会ったのは、それから四年ほどしてからと思われる。

父、渡辺平左衛門は博文を追い詰めたが

●岩倉の手引きで厠に潜み刺殺

その宮崎鉄雄氏が、実は、博文による孝明天皇刺殺事件の歴史的生き証人だったのだ。

宮崎氏は、鹿島氏に、その詳細を全て証言した。

鉄雄氏の父親は、渡辺平左衛門《へいざえもん》章綱《あきつな》と称し、幕末には伯太《はかた》藩一万三〇〇〇石の小名として大阪城定番を勤めていた。幼い鉄雄氏は、その子どもとして一五歳まで育てられた。その後、宮崎家に養子に出され、宮崎姓を名乗るようになったのである。

鉄雄氏が、父親、平左衛門から直接聞いた話は、衝撃的である。

孝明天皇の暗殺直後、定番の平左衛門は徳川慶喜から直接、拝命されて、孝明帝の暗殺犯の探索を命じられた。そして、徹底した捜査の結果……。

「それが、岩倉具視と伊藤博文であったことをつき止めた」と鉄雄氏に語っている。

以下は、鹿島氏に対しての宮崎鉄雄氏の証言である。

「……父が語ったところでは、伊藤博文が堀河屋の中二階にある厠《かわや》に忍び込み、手洗いに立った孝明天皇を床下から刺したそうです。そして、そのあと邸前の小川の水で血刀と血みどろの腕をていねいに洗って去った、ということでした」

厠という狭い空間なので、使われたのは長年愛用した忍者刀であることは、まちがいない。

さらに、鉄雄氏は、父の話として次のように証言している。

「伊藤博文が忍び込むに際しては、あらかじめ岩倉具視が厠の番人を買収しておいた」という。

宮中ではなく、別邸の堀河屋といえども、天皇の宿泊場所に忍びこむなど、内部からの手引きがなければ、絶対に不可能だ。

その手引きをしたのが、明治新政府を陰で籠絡した岩倉具視であった……とは。

まさに、明治政府の二大巨頭は、孝明天皇暗殺の共犯者だったのだ。

●天皇殺しの犯人が総理大臣に！

「……そうした手引きができるのは孝明天皇に近い人物にちがいなく、その意味で、岩倉具視が手引きしたという話は、説得力がある。宮崎鉄雄氏が、その話を鹿島にしたとき（一九九七年七月）、すでに宮崎氏は、それまでずっと、（父の）この証言を世に出すかどうか迷っていたそうだが、鹿島昇の著書を読んで、公表する決心をした、とのことであった」（『日本史のタブーに挑んだ男』前出）
そのときの心境を、宮崎氏は、著書でこう綴っている。
「日本の歴史家に鹿島氏のような勇気があれば、日本史がウソ八百で固められるともなかったろう」

宮崎氏の証言は、これで終わらない。事態は、意外な悲劇的な方向に展開をみせる。大阪城定番で、慶喜の下命を受けた渡辺平左衛門は、綿密な捜査の結果、岩倉具視と伊藤博文が真犯人であることをつき止めたが、それを長州側に察知され、逆に伊藤博文から命を狙われる羽目となった。そして、平左衛門は、じっさいに、長州人が放った刺客に稲佐橋の付近で襲われ、重傷を負った。

そうしてこの一件は、維新の混乱のなかでうやむやにされてしまった。

さらに、あろうことか天皇殺しの真犯人が、明治新政府の総理大臣に就任したのだ。

平左衛門の驚愕と苦衷は察してあまりある。

長州一派が、孝明天皇暗殺犯を捜査する平左衛門を亡きものにせんと襲ったのだ。

この事実こそが、逆に博文犯人説を決定的に裏付けるものだ。

だから、この世を去るにあたって息子、鉄雄氏に、すべて後世に語り残せと遺言したのだ。

宮崎鉄雄氏の賀状は、それから途絶えた――。

風の便りで、亡くなられたことを知った。一〇〇歳にわずか届かぬ余命だった、という。

私は、晩年の彼とのささやかな交情に報いるためにも、読者の方々に以上の真実を、できうる限り多くの人々に伝えていただきたい……と切に思う。

第７章　明治天皇すりかえ事件！　近代史最大スキャンダル

――長州の大室寅之祐、かくして明治大帝となれり

もはや誰にも隠せない寅之祐伝説

●広く知られる大室寅之祐

「……インターネットで、大室がこれだけ出てしまっては、もう誰にも止められないよ」

これは、『明治維新の極秘計画』（落合莞爾著、成甲書房）の冒頭の「さる筋、かく語りき！」と記された言葉。つまり、著者への情報提供者（さる筋）の人物も、大室寅之祐の存在が、あまりに広く知られて、ネット社会でも数多く取り上げられてしまっているので、もはや〝極秘計画〟は隠しようがない――と呆れているのだ。

それこそが、日本近代史の最大スキャンダル、明治天皇すりかえ事件だ。

私が、このすりかえ事件を初めて知ったのは、韓国の奇埈成先生から聞かされた時だ。奇先生は『天皇は朝鮮から来た!?』（前出）という衝撃書で知られる。

先生は、一九二六年、朝鮮南部の光州で生まれている。日韓併合から一六年がたち、もはや祖国、韓国は地上にはなかった。大日本帝国という侵略者の国に併呑《へいどん》されていた。

彼も一人の祖国喪失者としてこの世に生を受けたのである。

『天皇は朝鮮から来た!?』は、韓国人の視点から、日韓関係を問う衝撃書である。

このタイトルは、現在の天皇家のルーツは、六六三年、白村江の海戦で唐と新羅の連合軍に敗北し、日本列島に亡命した百済王朝である史実から、付けられたものだ。

●天皇は朝鮮より　邪馬台国は中国に

「天皇家のルーツが、百済王朝……!?」

この事実だけでも、絶句呆然の方がほとんどだろう。

この真実は、在野の古代史研究家、石渡信一郎氏が、すべて全容を解明している。

詳細は、彼の一連の著書を精読していただきたい。反論、異論があるなら、それから大いに口を開けばよろしい。しかし、現在にいたるまで、この石渡理論に対する批判は一言一句、存在しない。古代史学界は、この真実の前に白旗を上げたも同然なのだ。

さらに、本書は「邪馬台国は中国にあった!」という衝撃事実も明らかにしている。それは、古代史学者、山形明郷《あきさと》氏の生涯をかけた研究の結論である。これも、邪馬台国の研究者にとっては、青天の霹靂《へきれき》に等しい史実だろう。その根拠は「『魏史倭人伝』の『倭人』とは、中国大陸から遼東半島、朝鮮半島の黄海沿岸地域に広く存在していた南方系民族である……という事実だ。だから「『倭人伝』の〝倭〟とは日本を指す」と思い込んだ本居宣長以降の学者は、すべて、間違っていたのだ。

●九州説、畿内説いずれも間違い

だから、九州説も畿内説も、いずれも見当外れ。真の邪馬台国は遼東半島の奥地、旧満州の地にあった。これが、山形理論の結論である。

この史実に関しても、一切の反論は、寡聞《かぶん》にして知らない。

「ちがう！」と逆上して叫んでも、完璧無欠の山形理論を突き崩せないのだ。

えてして、いかなる学問でも、研究者は知らぬうちに〝常識〟に囚《とら》われて、〝真実〟を見失いがちだ。

天皇家のルーツが、百済王朝であったことを、カミングアウトしたのは、なんと平成天皇である。

「桓武天皇の生母が百済の武寧王の子孫であると、『続日本紀』に記されていることに、韓国とのゆかりを感じています」とワールドカップ日韓合同開催の祝辞で述べたのである。

口にしてはいけない歴史のタブーを、正々堂々と天皇みずからが明らかにされたのだ。

皇室記者団は衝撃でペンが止まったという。その〝勇気〟に敬意を表したい。

近代史の最大恥部、漏れたら日本権威失墜

●孝明帝暗殺、明治帝すりかえ

さて——。話題を本論、明治天皇すりかえ事件に戻す。

私もその事実を聞いた時は、驚愕、耳を疑った。奇先生は、こう述懐する。

「……『明治天皇すりかえ』事件とは、巷間広く密かに伝えられている寅之祐伝説のことです。明治どころか近代日本最大スキャンダルと言ってよいでしょう」「孝明天皇暗殺さらに明治天皇すりかえ、と二大暗黒事件の首謀者が伊藤博文であった！」「……ならば、明治の大勲位の真の姿は、明治の大悪人ということになります」（同書）

その寅之祐伝説は、いまやインターネット上では、数多くみられる。若い人たちの話題でも「寅之祐？　ああ、明治天皇すりかえね」と、ふつうの会話のように出てくる。

まさに、ネット社会おそるべし。冒頭の、〝さる筋〟氏が「もう誰にも止められない」と呆れるほど巷間に広まってしまった。

孝明帝暗殺、明治帝すりかえ——二つの暗黒事件の首謀者が、伊藤博文だった……！

学校で習った日本史を、〝史実〟と思い込み、信じてきた向きには、頭をかきむしりたくなる話だろう。頭がクラクラして、この本を壁に叩きつけたくなったはずだ。

しかし、深呼吸して、思いを鎮めて、冷静に読み進んでいただきたい。

●貧農の小倅《こせがれ》は下忍（暗殺者）に

なぜ、これら二大暗黒事件を、日本国民は、まったく知らされて来なかったのか？

「……そのような事実が、一片でも漏れたら、明治政府どころか近代国家、日本の権威は地に墜ちます。明治政府が、この（安重根の）『讒陥状《ざんかんじょう》』を必死で隠蔽したのも当然です。しかし……テロの銃弾に倒れた伊藤博文自身が、若き頃は名もなき一人のテロリストだったとは、まさに因果応報、歴史の皮肉を感じます」（奇先生）

その貧しい、若きテロリストは……後に、明治新政府の初代内閣総理大臣、さらに枢密院議長、初代韓国統監を歴任。まさに、明治筆頭の大元勲としての華々しい人生を歩むのである。

しかし、その出自は貧農であった。

「……農民の子として生まれるが、父が長州藩の足軽であった伊藤家の養子となり、下級武士の身分となる。吉田松陰に学んで尊王攘夷論者となる」（『ブリタニカ大百科事典』）

一四歳のとき、親子共々、足軽、伊藤家の養子となり、俊輔（博文）は、最下層の忍者（下忍）として鍛えられた。その第一の任務は、暗殺だった。

一四歳の少年は、否応なくテロリストとして練成されたのだ。

伊藤少年と大室少年……運命の出会い

●松下村塾はスパイ養成学校

俊輔は一六歳のとき、松下村塾に入り、吉田松陰の教えに接する。

そこで、彼は一人の少年と邂逅《かいこう》するのだ。

「……たまたま（南朝系の）大室天皇家と俊輔の郷里が近かった縁で中忍（佐官級情報局員）松陰から、『玉』大室寅之祐の傅役《もりやく》を命じられた。そして、これ（傅役）が、彼のライフワークとなったのである」（『日本史のタブーに挑んだ男』前出）

なんと、吉田松陰すらも〝忍者〟であった……という史実には驚く。

つまり、松陰も「諜報」「暗殺」の密命を、常に藩命として帯びていたのだ。

だから、松下村塾の正体は、じつは諜報員（スパイ）養成学校だった、といえる。

そこに集った若き塾生たちは、まさに、若きスパイの卵だったのだ。

この事実は、加治将一氏（前出）も、明確に指摘している。塾頭の松陰が、口を開けば「暗殺！」とヒステリックに叫ぶのも、彼が中忍であり、諜報養成教官であったことを考えれば、うなづける。

さらに、驚くのは、伊藤少年が、年下の寅之祐のお守り役を命じられたことだ。

こうして、俊輔と寅之祐の二人の少年は、運命の出会いをすることとなる。

後に、一人は新政府の総理大臣、もう一人は天皇という〝雲上人〟の地位に昇り詰めることになる。しかし、二人の貧しい少年にとって、そのような運命が待ち受けていることなど、夢にも思わなかったにちがいない。

中忍の吉田松陰が、伊藤俊輔を選んだのは、生家が田布施の隣村で、寅之祐の家に近かったことと、さらには、下忍としての剣の腕前を見込んだからだろう。

●長州の南朝によるクーデター

注目すべきは、吉田松陰が、寅之祐を「玉」としていることだ。

南北朝の対立で破れた南朝の末裔《まつえい》を、天皇として擁立、倒幕して天下を取る……という構図なのだ。つまり、長州がもくろんでいたのは南朝天皇によるクーデター計画だった。

彼らの唱える尊王攘夷とは、京都の北朝系の天皇を〝尊王〟して、攘夷するという意味ではない。みずからの〝隠し玉〟（寅之祐）を押し立てて、天下を取る……という意味なのだ。

だから、北朝系の孝明天皇暗殺は、当然の帰結だった……。

この史実を踏まえて、批評家、太田龍氏は『長州の天皇征伐』（成甲書房）という告発書をまとめたのだ。サブタイトルは「日本の〈悲劇〉は、ここから始まった」。

帯には、こうある。

「明治維新『日本殺し』事始《ことはじめ》。〈孝明天皇父子弑逆《しぎゃく》〉〈大室寅之祐・スリ替エ〉長州政治屋が捏造した日本史の超タブーを暴く!!」

このタイトルは「天皇の長州征伐」をもじって、皮肉っている。

吉田松陰が、寅之祐を「玉」として、伊藤俊輔に身辺警護を命じた……ということは、まさに、長州藩によるクーデター計画の陰謀が、すでに存在していたのだ。

●長州に落ち延びた南朝大室家

奇先生は、こう解説する。

「……なぜ、博文は孝明天皇を暗殺する必要があったのか？　だれでも疑問に思うはずです。そこで、若き下忍、博文（俊輔）が、近縁の大室天皇家（南朝系）の大室寅之祐の傳役を命じられたことが発端となる。〝本物〟の明治天皇は、北朝系の孝明天皇の嫡男である幼い睦仁天皇であった。その少年の帝を、南朝系の寅之祐に〝すりかえる〟謀略で、二人は殺されたのである」（『天皇は朝鮮から来た!?』前出）

だから、明治天皇すりかえ事件の遠因には、南北朝の対立があった。

「……両者の対立は、室町幕府の足利義満によって統合された。正統の皇統を得たのは北朝で、後醍醐天皇の子孫、南朝系は傍系として排斥された。しかし、南朝系の皇統も絶えることなく継承された。幕末には三つの分家が存在した。大室天皇家、三浦天皇家、熊沢天皇家の三系統

が命脈を保っていた」（同）

長州では、大室家が南朝系の末裔であることは、よく知られていた。地元では、同家を〝大室天皇〟と呼んでいた。それは、南朝の崩壊とともに、吉野の地を追われ、長州に落ちのびて来た光良《みつなが》親王の子孫である、という。

●明治天皇は祖父の兄、大室寅之祐

鹿島昇氏は、山口県田布施の大室近佑《おおむろちかすけ》氏を訪問している。

近佑氏は、すでに八〇歳を超える高齢であったが、受け答えははっきりしていた。

そのとき、老人は次のように明言し、鹿島氏を驚かせている。

「私は南朝の流れを引く大室天皇家の末裔であり、明治天皇は祖父の兄、大室寅之祐です」

鹿島氏は、以来、一〇回以上も訪問取材し、系図など大量の証拠文書を見せられ、この〝明治天皇すりかえ〟という史実を確信するに至ったのだ。

「……ただ、南朝派のクーデターとだけは言いがたい。孝明天皇は『佐幕攘夷』『公武合体』を強硬に主張し、一八五四年の日米修好通商条約の調印を拒絶。業を煮やした大老、井伊直弼が調印を強行し、国政は大混乱に陥る。井伊の断行は尊王と攘夷を結束させ、大老暗殺へと走らせた。しかし、一八六三年の英国留学後の博文の変節に象徴されるように、世情は一転、開国へと動き始めた。それでも保守的な孝明天皇は攘夷に固執し続けた。開明派に転じた薩長土肥にとって頑迷な孝明天皇は、時代の歯車を逆行させる邪魔者でしかなくなった。こうして、一八六六年、孝明天皇は〝変死〟する」（『明治維新の生贄』）

天皇が崩御すれば、次天皇は嫡男が引き継ぐことが道理である。

翌一八六七年一月、いまだ一六歳の少年であった睦仁親王が、天皇に即位した。

むろん、睦仁天皇は、父親であった先帝と同じく、攘夷論者であった。

そして、異変が起こる……。

色白美少年が六尺近い巨漢に〝変身〟！

●偽者である八つの決定的証拠

鹿島氏は、その〝異変〟をこう述べる。

「……ところが、いつの間にか、人物がすり替わり、ちょうど（即位から）一年後の一八六八年一月に長州藩が匿《かくま》っていた南朝末裔の大室寅之祐が、明治天皇になった」

ちなみに、寅之祐も睦仁と同じ一六歳だった。こちらは奇兵隊の力士隊にいたほど、体格は二倍くらい違っていたが、奇遇としかいいようがない。

これが、世にいう明治天皇すりかえ事件である。

これは、もはや〝変事〟というより〝珍事〟であった。

なにしろ、すり替えられた睦仁天皇と、寅之祐では、両者は、あまりに違い過ぎる。

この歴史的な珍事件を、真っ先につき止め、公表したのは在野の研究者、鹿島昇氏の功績である。

その鹿島氏は、睦仁と寅之祐が明白に異なる証拠を、四点あげる。

ちなみに、これらの指摘に対する反論は、いっさいない。

⑴**「体質」**‥睦仁天皇は「禁門の変」の時、一三歳であったが、近くの砲声を聞いて失神したほど虚弱であった。さらに、和歌をたしなむ色白の美少年だった、という。それに対して、すり替え後の明治天皇（寅之祐）は、体重二四貫（約九〇キロ）の巨漢で、側近と相撲を取って投げ飛ばしたほどの怪力の持ち主。身の丈も六尺近くあり、両者が同一人物ではありえない。

⑵**「利き腕」**‥睦仁天皇は「右利き」だった。ところが、明治天皇（寅之祐）は「左利き」である。同一人物で、右利きが左利きになることは、ありえない。

⑶**「乗馬」**‥公家育ちであった睦仁天皇は、まったく馬には乗れなかった。だから即位前の乗馬記録は一切ない。ところが明治天皇（寅之祐）は、馬上から威風堂々の閲兵を行い大号令をかけている。

⑷**「あばた」**‥色白だった睦仁天皇には「あばた」はない。ところが、明治天皇（寅之祐）は、二歳のときに天然痘にかかり、口の周りに「あばた」が残った。「立派な口髭は、『あば

た』を隠すためだった。また、写真に撮られることを極端に嫌がった理由も同じ。『御真影』が肖像画であるのもそのためである」(鹿島氏)

極度に写真を嫌ったのは「あばた」などで、本物の明治天皇(睦仁)とも違いがバレることを恐れたのだ。写真は、決定的な物証となるからだ。

「睦仁親王は幼少の砌《みぎり》、裕福であったので種痘を受けた。故に疱瘡(天然痘)に罹っておらず、顔面に『あばた』は無かった。明治天皇(大室寅之祐)は、家が貧しく野性児だったので、二歳のとき、疱瘡に罹った。その結果、口の周りに『あばた』が残った。その為、明治天皇は自身の写真を撮られる事を好まず、わざわざ、キヨソーネに描かせた『肖像画』を写真に撮らせて『御真影』とした。又、『あばた』を隠す為に、髭を生やされた」(『徹底的に日本歴史の誤謬を糺す』)

——さらに、明治天皇すりかえの「証拠」をあげてみよう。

(5)「東京遷都」:日本の歴史から見ても京都が天皇の在所である。ところが、明治新政府は東京遷都《せんと》を強行している。その理由は、天皇(寅之祐)が、京都にいては正体がバレるからだ。なぜなら、京には睦仁親王をよく知る人達が数多くいる。彼らの前に出れば、偽者であることはすぐバレる。だから、知人が一人もいない東京に皇居を移した。これが遷都の真の理由である。

(6)「奥の院」:明治天皇(寅之祐)は、皇居でも常に「奥の院」と呼ばれる場所に引きこもった。そして、執務は、もっぱら「奥」で行い、連絡などは一〇歳そこそこの稚児が行った。これも大人に顔を見られないための用心である。

⑺ **「御簾」**：明治天皇（寅之祐）に拝謁《はいえつ》しても、対面は「御簾《みす》」越しだった。これも、素顔を見せないための配慮だった。さらに、明治天皇（寅之祐）は、拝謁のときにも声を発することはなかった。御付きの者の耳元でささやき、それを付き人が伝える。これは、寅之祐に染み込んでいた「長州訛り」を隠すためである。

⑻ **「白化粧」**：やむをえず、公式の場に臨むときは、顔を真っ白に白塗りして、眉毛を上に書くなどの化粧をして臨席した。これも、素顔がばれないための変装だった。

その異様な化粧を拝謁時に目撃したアーネスト・サトウは、はっきり記録に残している。

「私には御顔がよく見えた。多分、化粧しておられたのだろうが、色が白かった。口の格好はよくなく、医者のいう突顎《とつがく》（プラグナサス）であった。大体から見て顔の輪郭は整っていた。眉毛はそられて、その一インチ上の方に描き眉がしてあった」（『一外交官の見た明治維新』（下）岩波文庫）。

まさに異様な〝変装〟というべきだ。このように一国の元首が、白塗り化粧する意味などまったくない。それは素顔を隠すという目的以外にはない。

さらに、サトウの「明治天皇は突顎だった」という観察も重要だ。これは、残された数少ない素顔の肖像写真と見事に重なる（次頁写真）。

写真　上：フルベッキ写真拡大、下：明治天皇

やはり、口が突出している。そして、同様の若き頃の姿が、なんとフルベッキ写真に写っているのだ。それも、フルベッキの真ん前に……！
まさに同一人物。口の特徴、目元、鼻さらに耳の形まで同じだ。

当人にすれば、すりかわり工作は大変である。
明治天皇（寅之祐）は終生、酒浸りであり、女狂いであった……と伝えられる。
その気持ちは、わからないではない。こんな日常ではストレスが溜まって当然である。

●欧米列強は偽天皇を知っていた！

フランス公使ロッシュも、紫宸殿《ししんでん》で明治天皇に謁見した印象を記している。
「日本の天皇は一五歳か一六歳くらいの、ごく若い青年である。歯は黒く染めており、眉は剃りおとしている。われわれが古代の日本人について描くイメージの如く、額の中央に、目の線にたいして斜めに人工の眉をかいている」
「付け加えると、天皇の容貌には知性の片鱗すらうかがえなかった。かれの神聖な口から、何か意味明瞭なことばが洩れてくることは、ほとんどなかった」（ムスティエ外相への報告書より、一八六八年四月一日付け）
かりそめにも外交関係を結ぶ一国の元首にたいして、まさに無礼きわまりない公式報告書である。

この無礼な書簡から鬼塚氏は、こう推断する。

「……私は、このロッシュの文章を読んで、ロッシュは天皇が偽者であることを承知の上で観察し続けていたと見る。すでにイギリスやフランスの公使たちは、明治維新の最初から、大室寅之祐のことを知っていた」（『日本の本当の黒幕』（上））

これは、重大な指摘である。

欧米列強は、当初から明治天皇すりかえ事件を知っていた。

それどころか、パークスやサトウ、フルベッキらは、志士たちの背後で画策して、天皇すりかえという一大スキャンダルを演出した可能性すらあるのだ。

たとえばフルベッキにしても、岩倉使節団の全てのシナリオを一人で書き上げた男だ。

つまりは、明治政府を裏から完璧に操っている。

そして、フルベッキと明治天皇（大室寅之祐）との親密さも尋常ではない。

まさに、それは明治天皇（寅之祐）が、フルベッキ（つまりフリーメイソン）の傀儡《かいらい》であったことの、何よりの証しではないか……。

●醜聞を握り操るメイソン流

繰り人形支配の背景を、鬼塚氏は謎解きする。

「……では、なぜ伊藤博文は、睦仁親王と似ても似つかぬ大男を、睦仁親王に仕立てあげたのであろうか。私は、この男を見初め、明治天皇に仕立てたのはアーネスト・サトウではなかったか、と思っている。サトウは九州や山口県などの部落を訪ねて報告書を残している。彼は部落民を最大限に利用する方法を発見したのである。写真を撮影されると正体が暴かれてしまうような大男を明治天皇に仕立て、日本国最大のスキャンダルを掌中に入れれば、イギリスが日本を実質的に支配できることを知っていたのである。そして、この陰気な男を明治天皇とすることにより、イギリスは日本の運命を左右することになる」（同）

まさに、炯眼《けいがん》である。なにしろ、伊藤博文は、まぎれもなくフリーメイソンであったはずだ。

その博文を総理大臣に据えて、大男の寅之祐を天皇に仕立てる。

さらに加えて、博文は孝明天皇殺しの真犯人である。これら大スキャンダルを全て掌握していたのがイギリスである。だから、イギリスは宿敵ロシアを叩く為に、一九〇二年、突如、日英同盟を結び、日本にロシア攻撃を肩代わりさせたのだ。むろん、その時の駐日公使は、あのアーネスト・サトウであった。巨大恥部を握られた日本には、その無理難題を断れる術もなかった。

その巨大醜聞は、当然メイソン・ネットワークで欧米列強すべてが掌握、承知し、現代にいたる。

……知らぬは日本人ばかりなり……である。

「騒げば殺される……」周りはすべて沈黙した

●后は巨漢の〝夫〟に寄り添った

しかし、天皇をすり替えるなど、驚天動地の政治工作が、一部の人間だけでやり通せるものではない。睦仁から寅之祐へ――。一人の〝人物〟が、これほど激変して、周囲が気付かぬはずがない。つまり、天皇すり替えという大陰謀は、明治政府あげての一大政治工作だったのだ。

戦慄するのは、睦仁天皇の后《きさき》の対応である。

睦仁親王は即位のときには、すでに妻帯していた。天皇（睦仁）に最も間近であったのが后である。夫がまったくの別人、寅之祐にすり替われば、即座に気づいて当然である。

ところが、后は一年後、巨漢となった〝天皇〟に寄り添っていた、という。

それは、彼女の生存本能が取らせた演技とみることができる。

目の前から夫（睦仁）が忽然と姿を消し、入れ替わりにアバタ面の大男が隣に座っている。妻はとっさに入れ替わりの意味を悟ったはずだ。

ここで、騒げば、自分も殺される。こうなると、この男の妻を演じるしかない……。

その思いは侍女や侍従も同じだったはずだ。

「騒げば殺される……」

こうして、宮中すべてが、素知らぬ顔の異様な演技空間と化したのだ。

●睦仁天皇も口封じに殺害！

さて――、ここで誰もが気になるのが、すり替えられた睦仁天皇の運命だ。

想像するだに胸が痛むが、おそらく抹殺（殺害）されただろう。この問題を鋭く追究してきた鹿島昇氏の他、鬼塚英昭、加治将一、太田龍、奇埈成の四氏とも、抹殺説である。

ただ一人、睦仁の生存、隠遁説を唱えるのが落合莞爾氏だ（『明治維新の極秘計画――「堀川政略」と「ウラ天皇」』前出）。

ただ、古今東西、政変（クーデター）の鉄則は、「後に禍根を残すな」である。

だから、彼らは徳川将軍家茂を暗殺し、厠の中にこもってまで、政敵孝明天皇を刺殺したのだ。そんな残虐な彼らに、睦仁天皇を生かしておく温情があるとは、到底思えない。

睦仁こそ、明治天皇すり替え工作の最大の当事者であり生き証人なのだ。

その口を封じることは、クーデターのイロハである（私も心情的には生存説に立ちたいが……）。西郷隆盛が「睦仁はすでに死んでいる」と島津久光に告げたことからも、殺害は明らかだ。

●田中光顕は全てを知っていた

これまで、明治天皇すりかえは、南朝派のクーデターという見方をしてきた。

鹿島説などは、その典型だ。

しかし、鬼塚英昭氏は、前述のようにこの大室寅之祐の南朝説も疑い否定する。

まず、三浦芳聖《よしまさ》なる人物が『徹底的に日本歴史の誤謬《ごびゅう》を糺《ただ》す』（一九七〇年）という著書を出版している。昭和四年、三浦は宮中顧問官・山口鋭之助に三浦家の系図の鑑定を依頼した。山口のこの件を元宮内大臣・田中光顕に相談した。そのときの描写である。

「……かよう申し上げた時に、田中光顕伯爵は顔面蒼白となられ、しばらく無言のままであられましたが、やがて『私は六〇年来、かって一度も、何人にも語らなかったことを、今、あなたにお話し申し上げましょう。現在、このことを知っている者は、私のほかには、西園寺公望侯爵お一人が生存していらっしゃるのみで、皆、故人となりました』」

と、ここまで、まえおきである。この黒幕の口からとんでもない台詞が飛び出す。

「……実は明治天皇は、孝明天皇の皇子ではない。孝明天皇はいよいよ大政奉還・明治維新というときに、急に崩御になり、明治天皇は孝明天皇の皇子であらせられ、御母は中山大納言の娘、中山慶子《よしこ》様で、お生まれになって以来、中山大納言邸でお育ちになっていた……ということにして、天下に公表し、御名を睦仁親王と申し上げ、孝明天皇崩御と同時に直ちに大統をお継ぎあそばされた、となっているが、実は、明治天皇は、後醍醐天皇第十一番目の皇子、満良《みつなが》親王のご子孫で、毛利家のご先祖、すなわち、大江氏が、これを匿《かくま》って、大内氏を頼って長州へ落ち、やがて大内氏が滅びて、大江氏の子孫、毛利氏が長州を領し、代々、長州の萩において、この御王孫をお守り申し上げてきた。これが、すなわち、吉田松陰以下、長州の王政復古維新を志した勤王の運動である」

これは、近代日本の黒幕、田中光顕が明治天皇すりかえ事件の真相を知っていた証しである。

天皇作りは「玉遊びじゃ！」（木戸孝允）

●一六歳を叱りつけた西郷隆盛

「……島津久光は西郷隆盛と大久保利通が大室寅之祐を連れてきて、『この男が天皇になります』と言われたとき、刀で斬りかかりそうになった。しかし、西郷が『すでに睦仁は死んでおります』と告げたので刀を降ろした。この逸話は、鹿児島の郷土史家から直接、私が聞いた話である」「この薩長、薩土の秘密連合がクーデターを起こして明治政府が出来上がるのである。大室寅之祐は、藩主、毛利敬親《たかちか》らの知らぬままに天皇になっている。いわゆる事後承認というやつである。薩長連合を決めた木戸孝允は、天皇を作り上げたことを、『玉遊びをした』と言っている。『玉』とは、王と同じである」（鬼塚氏）

大柄とはいえ、一六歳の寅之祐は、まだまだ子どもだ。

維新の志士たちは、この〝子ども〟を手玉にとったのだ。

評論家、大宅壮一は明治新政府について、こう記述している。

「……明治の新政府ができてまもなく、一六歳の少年天皇が、わがままをして〝元勲〟たちのいうことをきかないと、西郷隆盛は『そんなことでは、また昔の身分にかえてしまうぞ』といって叱りつけた。すると、天皇はたちまちおとなしくなった、という話が伝えられている」

(『大宅壮一選集』第十一巻)

「明治維新」真の黒幕はフルベッキだ！

●フルベッキ写真と寅之祐少年

フルベッキ写真で、フルベッキのすぐ前に、少年時代の大室寅之祐が、はっきり写っていた！　それは、何を意味するのか？
「……『七卿落ち』で、田布施町に寄った三条実美《さんじょうさねとみ》は、一目で気にいった、という」「帝王学の教師は、フルベッキと三条実美以外に考えられない」(加治氏『幕末維新の暗号・ビジュアル版』前出)
同書では、束帯姿(内田九一《うちだくいち》撮影)の貴重な明治天皇の写真も掲載している(左写真)。
まさに、寅之祐少年と同一人物である。

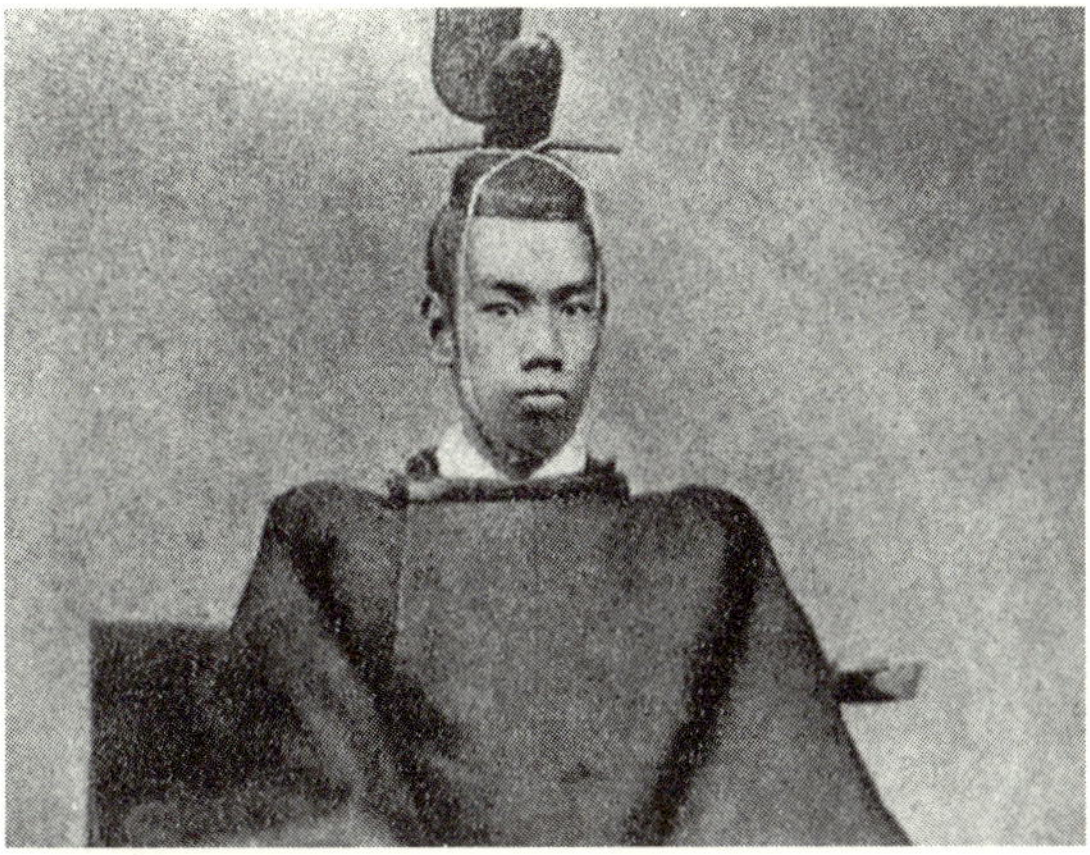

写真　明治天皇

加治氏は、〝すりかえ〟を明治トリックと呼び「深入りしたくない弱虫は、『見ざる、聞かざる、しゃべらざる』を貫く事を勧める。それ以外の人は、国の成り立ちを見つめ直していただきたい」と述べている。同感である。

フルベッキは、第3章「〝碧い眼〟の諜報員たち」で述べたように、幕末に来日した外国人の中でも、もっとも謎に満ちた人物だ。

一番親しかったグリフィスですら、こう賛嘆している。

「フルベッキは、銀の反論や鉄のペンより、黄金の沈黙を選んだ」

●「明治維新」の重鎮は皆教え子

「……宣教師、政治家、思想家、教師、翻訳家、学者、プロデューサー……フルベッキの柔和な面影の下には、たくさんの顔があった。経歴をかいつまむ

と一八三〇年、オランダ生まれのユダヤ系だ」(同書)

幕末、彼の元には幕臣、公家、各藩の藩士らが西洋の〝教え〟を求めて数多く参集した。

そして、彼らの多くは幕末の英傑となり、新政府で破格の出世を遂げている。

たとえば、一八六〇年、その教えを請うた何礼之《がのりゆき》は、後に、前島密《ひそか》を塾頭に私塾を開き、フルベッキを招いている。さらに何は、岩倉使節団に同行。この大使節団の全体計画を作案したのもフルベッキなのだ。そして、教え子の何は、高等法院予備裁判官、貴族院議員……と、大出世を遂げている。同様に、教え子の大山巌《いわお》も陸軍大将となっている。大山は西郷隆盛の従兄弟だ。つまり、フルベッキは大山を通じて、西郷ともつながっていたのだ。

一八六四年、フルベッキは幕府の「済美館《さいびかん》」校長に招聘《しょうへい》され教鞭を執り始める。まさに教育者そのものだ。ところが、このとき、肥後藩より汽船購入の依頼を受けている。商人の側面もあったのだ。六五年、「済美館」新校舎を建設。学生は一〇〇名を超えていた。加治氏は、フルベッキ写真(四六人撮り)は、このころの撮影と推測している。

フルベッキこそ明治政府、総合プロデューサー

●天下人三人を掌上で操る

そして……一八七二年、明治天皇(大室寅之祐)が、南校(前開成所)を訪問して、なんと

フルベッキの講義を受けているのだ！

このように、明治天皇とフルベッキは、生涯にわたって、極めて親しい関係にあった。

翌年には、スイスにて、外遊中の岩倉具視と落ち合って、密議を交わしている。

一八七七年、明治天皇より勲三等旭日章を授与される。九八年、フルベッキ六八歳。最後の説教が盛大に執り行なわれた。このときの司会者が、なんとアーネスト・サトウなのだ。

これは、サトウとフルベッキの緊密な関係を示唆する。

しかし、サトウの日記には、フルベッキの名は一切、出てこない。極めて、不自然である。

加治氏は、フルベッキを「前代未聞の秘密主義者」と断じる。

「……スカスカの日報にムカついた宣教師の上司フェリスが、事のすべてを執筆するよう求めた時でさえ、記入を拒んだ。しかし、経歴にあるように、横井小南の事実上の二人の息子（甥）、岩倉具視の二人の息子、それに勝海舟の息子（子鹿《ころく》）を留学させた事実を見れば、天下人三人の御意見番というより、みなフルベッキの掌《てのひら》の上で、絶大なる権力を握っていたことは歴然である」（加治氏）

●カソリック嫌いはメイソンの傍証

フルベッキは上司フェリスに、岩倉の子弟の紹介状にこう綴っている。

「岩倉氏は、龍（具定）と旭（具経）の父親で、天皇の次の人間です。今は、まだはっきりと言えませんが、私はこの使節派遣に深く関与しています。そのことは、日本人の口から出ないかぎり、私から語ることは一切ありません」(一八七一年一一月二一日)

これは、明治政府を陰で操っていることを意味する。

さらに、こう明言している。

「救世主の敵として、ローマ・カソリックを嫌悪しています」(明治学院大学所蔵原稿)

これは、彼がフリーメイソンであることを裏付ける傍証となる。

カソリックはフリーメイソンを徹底弾圧してきた。メイソンリーなら嫌悪してとうぜんである。そして、フルベッキはキリスト教宣教師でありながら、日本政府の中枢に居て、政府のキリスト教徒弾圧を黙認した。それを非難する他の牧師に平然と答えたのだ。

「かれらは、カソリックです……」

●「明治維新」の真の黒幕

フルベッキは明治天皇と、極めて親密に交友している。

「私は少なくとも年に一度は天皇に拝謁している」(一八八二年一〇月二四日、書簡)

天皇に、これほど親しく面会できる人物など、ほとんどいない。これはまさに異常というしかない。即位前の明治天皇(睦仁親王)は、父譲りの大の外国人嫌いで、孝明天皇と共に「攘夷祈願」まで行っていたほどだ。加えて、フルベッキはキリスト教宣教師だ。これに対して、日本は神道国家だ。神事で国を司《つかさど》る。

「天皇は、その頂点に君臨する身だ。フルベッキはプロテスタントとはいえ、政府が強烈に弾圧をかましているキリスト教の宣教師なのである。まるで、ローマ法王が、イスラム教の導師と時々、仲良く会っているような光景でグロテスクだ」（加治氏）

フルベッキは六八歳で没しているが、明治天皇は、葬儀に際して多額の寄付をしている。さらに当時の東京市には青山墓地の広大な敷地を提供させ、退役将校たちまで動員して、厳かな葬儀隊行進までさせている。

「親密さは桁違いである」「その謎は『四六人撮り』の中のフルベッキと『若侍』の距離。〝先生〟と〝生徒〟の関係が解き明かしている」「明治政府の総合メイキング・プロデューサーはフルベッキだ」（加治氏）

ここで「明治維新」を真に繰った黒幕が判然とする。それは、柔和な外見の白人フルベッキである。それを依頼したのが、政権ナンバーツーの岩倉具視だ。

「岩倉は、フルベッキを信頼し、国家の重大事項を相談していた」（グリフィス著『日本のフルベッキ』）

岩倉は伊藤を手引きし、孝明天皇を殺害させ、さらに手配していた田布施の寅之祐少年を明治天皇（睦仁）とすり替えた。それを、すべて知悉《ちしつ》していたのが黒幕フルベッキなのだ。

そして、「フルベッキはロスチャイルドの手下」（鬼塚英昭氏）。つまり、フリーメイソンの中枢組織イルミナティのメンバーだ。「明治維新」は〝かれら〟の掌で仕掛けられ、操られたのだ。

それは、明治、大正、昭和そして平成の今も変わらない。

酒色に溺れ泥酔の果てに死んだ〝明治天皇〟

●明治天皇、千代田遊郭の狂宴

明治天皇になる前の睦仁親王は、体もひ弱で、六歳のときですら、わずか三〇〇メートル先の御所に行くのに、女官に抱かれたり、おんぶされていた。精神的にも脆弱で、一日中泣きじゃくる子どもであった、と記録されている（『中川忠能日記』他）。

「……その虚弱児が一六歳で天皇になったときに、巨大な男として登場するのを無視していいのであろうか」（鬼塚英昭氏『日本の本当の黒幕』（下））

同感である。

天皇すりかえは、もはや誰にも否定できない歴史的事実である。

「……伊藤博文が暗殺されたとき明治天皇は五九歳である。彼は死神にとりつかれた。伊藤博文が田布施・麻郷の里から彼を特別扱いにして、睦仁にしてくれたことを終生、彼は忘れなかった」（鬼塚氏）

一六歳で、天皇にさせられた男の楽しみは酒色以外になかった。みずから望んだ人生ではない。その心中は察してあまりある。苦衷《くちゅう》は誰にも言えない。語れない。酒に逃れ、女に溺れる以外に道はなかった。

「天皇は、若い頃から大酒にふけり、時にはほとんど徹夜で飲みあかしたという。大官たちがそれを制止したという話は何も伝わっていない。むしろ彼らは天皇を中心とする酒宴に加わることを『君臣和楽』と理解し、『光栄』と感じていた形跡がある。（中略）天皇は、侍医らの健康についての注意にも耳を傾けた形跡がない。こうして糖尿病は進行していき慢性腎臓病を併発している。晩年には体躯も肥満した」（岩井忠熊著『明治天皇「大帝」伝説』より）

明治天皇のもう一つの憂さ晴らしが女であった。

だから産ませた御落胤《ごらくいん》つまり〝落とし種〟も多い。

「確認された皇女だけで一五人ほどいる。そのうち四人が成人し、結婚している。あとの一一人は早死にである。彼と臣下たちは毎夜のように女を抱いて酒を飲んだのである。飢えた狼のようにだ。人は、それを『千代田遊郭』と呼んだ」（鬼塚氏）

●肥満体、五九歳で心臓発作死

晩年の天皇は、約九〇キロもの肥満体であった。

当時の日本人男性は五〇キロほどだったので二倍近い。

明治天皇……すなわち大室寅之祐の死の場面も悲惨である。
一九一二年七月一〇日、恒例の東京帝大卒業式に行幸したときの記録では……。
「階段を昇降したまふに、玉歩鈍重にして疲労倦怠の状あるを拝す」(『紀』一二)
糖尿病の進行は予断を許さぬほどに悪化している。
「わずか五〇分ばかりの枢密院会議に出席し、常になく姿勢を乱し、時々居眠りしたという。さすがに侍医たちは診察し、脈拍不整、肝臓硬化、脚部疼痛、下腿浮腫を認めている。天皇は恍惚と仮睡を繰り返しながら、一九日には昏睡状態に入った。侍医のほかに東京帝大医科の青山胤通・三浦謹之助らも診察に加わり、尿毒症と診断された。同三〇日、天皇はついに心臓麻痺をおこして満五九歳の生涯を終わった……」(『日本の本当の黒幕』(下)前出)
自らの意志とは関係なく日本の天皇にされた一六歳の少年は、こうして生を終えたのである。
その心中は、誰にも測《はか》り知ることはできない……。

第８章　誰が龍馬を殺させた？　幕末最大ミステリー

──諸説紛々、暗殺犯はいずこに……

メイソン武器商人グラバーが操《あやつ》る

●『龍馬の黒幕』の衝撃波

坂本龍馬研究で、最大の功労者は加治将一氏であろう。

『龍馬の黒幕』（祥伝社）で、坂本龍馬を操ったのは、世界最大の秘密結社フリーメイソンであることを初めて明らかにした。

これは、従来の龍馬像を根底からくつがえした。

それまでの龍馬像を形づくったのは、もっぱら司馬遼太郎の筆になる小説『竜馬がゆく』であった。この超ベストセラーで、まさに龍馬は国民的英雄になったのである。

ただし、英雄譚《えいゆうたん》とは、えてしてなんらかの意図で創作されたものが多い。

さらに加えて、庶民大衆は、その主人公に熱中する。活劇に酔う。すると虚像は、さらなる虚像を呼び、物語は膨れ上がる。

大衆の求める英雄は、颯爽《さっそう》としていて、表裏がない。じつに好漢《こうかん》である。

まさに、その典型が坂本龍馬なのだ。

それを、作家の加治将一氏は「龍馬は、秘密結社フリーメイソンの手下」と断じたのだ。

従来の龍馬ファンにとっては驚天動地、青天の霹靂《へきれき》、寝耳に水……パニック（恐慌）に陥ったことは、まちがいない。

しかし、その衝撃波の威力で、同書『龍馬の黒幕』は売れに売れ、驚異的ベストセラーとなった。それまでの幕末史観は、国内要因だけに目が向けられていた。

そこに、秘密結社フリーメイソンの陰謀史観を持ち込んだのは、まさに加治氏の手柄である。

●龍馬の背後にグラバーは常識

フリーメイソンの誰が龍馬を操ったのか？

若き武器商人トーマス・グラバーである。

加治氏の快作のおかげで、いまやこの史実は、誰でも知っている〝常識〟となってしまった。

それまで、秘密結社フリーメイソンの名前を公に出すことはタブーとされてきた。

しかし、勇気ある一人の作家が、それを暴いたことで、メイソンの話題は茶飲み話のレベルになってしまった。

テレビを見ていたらバラエティ番組で長崎特集をやっていた。

そこで、若い女性リポーターがグラバー邸の前からリポートしていた。その台詞で「グラバーさんは、秘密結社のメンバーだったんですね」とサラリと言ったのに驚いた。

こうして見えざるタブーは、壊れていくのだ。

――幽霊の、正体見たり、枯れ尾花――

人々が恐れさえしなければ、この世にタブーなど一切存在しないのだ。

奇埈成氏も、龍馬はメイソンに使われていたと断定する。

「……龍馬に深く接触したのが英国商人グラバーです。彼はまぎれもなくフリーメイソンの香港ロッジの密命を帯びて龍馬に接近したのです。土佐藩の一介の脱藩浪人であった龍馬が、巨額資金を運用して日本最初の海運会社『亀山社中』（後の海援隊）を興《おこ》し、約一万挺もの最新式ライフル銃など輸入できるはずはありません。その資金源として、香港フリーメイソンが背後にいたのは、まちがいないでしょう」（『天皇は朝鮮から来た⁉』前出）

「アヘン戦争」「南北戦争」「明治維新」の謀略

●勤王、佐幕に武器の二股作戦

龍馬とグラバーの関係を捉えるときも、①外国勢力（グラバーの他、サトウ、パークス、フルベッキ、さらに奥の〝黒い教皇〟パイクなど)、②外国製武器、③倒幕側(伊藤博文、西郷隆盛、坂本龍馬)、④幕府側(勝海舟、榎本武揚、徳川慶喜)などの立体的関係から考察しなければならない。

さらに、これら上部構造として、ロスチャイルド財閥の存在を忘れてはならない。

ロスチャイルド家の配下で動いたのが武器業者マセソン商会だ。

そして、マセソンは英側メイソンを使って倒幕派に武器を売り込み、仏側メイソンを使って幕府側にも武器を売り込んだ。

倒幕派も、佐幕派も、まさか背後にロスチャイルドが潜んでいるなど、夢にも思わなかった。

そして、いうまでもなくロスチャイルド家は、ロックフェラー家と並ぶ、フリーメイソン中枢組織イルミナティの両巨頭である。

●革命戦争で倒幕派勝利を目論む

彼らの日本侵略シナリオを、ここで復習する。

まず――アヘン戦争を起して中国を支配する。そこで、武器・金融で莫大な利益をあげた後、次に〝かれら〟はアメリカ内戦、「南北戦争」を仕掛ける。そこで売り上げた九〇万挺ものライフルが払い下げられた。それら中古武器を売り付けるため、次に日本の革命戦争を計画した。

〝かれら〟が望んだのは、これら兵器による革命軍(倒幕派)と政府軍(佐幕派)による、全面的な内戦である。日本列島が戦火により焦土と化すことを望んだのだ。

このとき、ロスチャイルド配下のマセソン商会は、巧妙な罠を仕掛けていた。

幕府側には「南北戦争」の中古ライフル、倒幕側には最新式ライフルを供給したのだ。両者は射程距離や精度が決定的にちがっていた。撃ち合いになれば、勝敗は自ずから明らかだった。

つまり、ロスチャイルドは日本の革命戦争の内戦で、革命軍（倒幕派）が勝利するように密かに仕組んでいたのだ。

明治帝すりかえは、青い目の策略か？

●フルベッキはメイソン工作員

若き俊英グラバーは、英国側メイソン工作員であった。彼はマセソンの信任厚い武器商人として長崎に上陸する。英国メイソンの使命は革命軍への武器売り込みである。

ちなみに、米仏側メイソンの役割は幕府軍への武器売り込みである。

両者が裏で通じていることは、絶対秘密であった。だから、勤皇派も佐幕派も、自分達が大きな意図で操られていることに、まったく気付かなかった。

まず、勤王、佐幕、公家の区別なく、若き志士たちを教育という名で支配したのがフルベッキである。彼こそが、明治維新から明治新政府まで、裏で操った総合プロデューサーである。

フルベッキ写真は、彼が育てた若き〝工作員〟たちの集合写真である。

ただ、色白、温和な表情のフルベッキが、じつは日本支配のしたたかな黒幕であったことなど、〝教え子〟たちはだれ一人気付かなかったはずだ。

フルベッキは、教え子の志士や公家、幕臣たちを冷徹に観察し人物評価し、各々を新政府の要職へと配置していくのである。よって、このように極めて重大な役割を担っていたフルベッキは、フリーメイソン上位エージェント（工作員）であったことは、火を見るより明らかだ。

だから、生涯にわたって徹底した秘密主義を貫いた。

●明治帝すりかえの弱みを握る

むろん、フルベッキ写真では、フルベッキ親子の直前に後の明治天皇とすりかわる大室寅之祐少年が写っている。このことから、明帝すりかえという最大スキャンダルをフルベッキが熟知していたことは、まちがない。

もしかしたら、明治天皇すりかえはフルベッキ、サトウ、パークスなどの工作員たちが背後で仕掛けた可能性すらある。そもそも、虚弱な睦仁天皇を、九〇キロの巨漢、寅之祐にすり替えれば、誰の目にも、一目でばれてしまう。敢えて、そのような目立つ工作を博文や岩倉らにやらせて、その弱みを握り、明治政権を闇から支配する。これが、メイソン流の支配術なのだ。

「記録がない！」ほど「関係は深い？」

●龍馬を人物評価、グラバーに紹介？

なにはともあれ、フルベッキは幕末の志士、英傑たちを教育し、評価し、そして、要職に配置した。その意味で、明治政府は、この色白細面の白人の掌の上で転がされたも同然だ。

むろん、坂本龍馬もフルベッキにより人物評価されグラバーに推薦されたのではないか？

これは、憶測だが、〝かれら〟諜報員（スパイ）の連絡網は、それほど緊密であったことは、いうまでもない。こう書くと体制派の歴史家などから、必ず次のような反論が返ってくるだろう。

「グラバーは、自伝でも龍馬について、一言も触れていない。だから、二人は出会ってさえいない」

――これは、余りに幼稚すぎる発想だ。

「諜報員（スパイ）は記録を残さず」

この鉄則を知れば「記録がない」ほど「関係が深い」とみるべきなのだ。

●グラバーに一切触れぬ龍馬の手紙

ちなみに、坂本龍馬の手紙にも、グラバーの名は一切出てこない。

これもまたじつに極めて不自然だ。

龍馬は筆まめとして知られる。土佐国元の姉、乙女にしょっちゅう手紙を送っている。その内容は、日常茶事に終始している。「何を食べたら美味かった」……などなど。これもまた、実に不可解というしかない。当時、江戸から土佐まで書状を飛脚を頼んで送ると、現在の貨幣価値で〝郵便代〟は二〇～三〇万円くらいかかる。

「龍馬の『何を食べた。旨かった』の類いの便りは、実は偽装で、別に忍ばせていた書面が彼の配下への指令文書だった、と考えれば、ぜいたくな〝文通〟の謎も解けます」（奇氏、前出）

さらに、龍馬は人物観察も得意で、出会った人物についてユーモアを交えて書き綴っている。しかし、そこには、あれほど親密だったグラバーについて、一言も触れていない。

普通の友人関係なら、その特徴を踏まえて印象を書き連ねているはずだ。

「好奇心旺盛な龍馬なら、記述、コメントがあって然るべきなのに不自然です。ここには、明らかにグラバーとの関係を隠したいという意図が読み取れます」（同）

また、「何を食べた」の類いの龍馬の手紙がそっくり残っているのも、考えてみたら不自然。それは、後の幕府の万が一の探査に対する〝物証〟として、あえてそのまま残しておいたのではないか？

こう考えると、〝文通〟相手の姉、乙女も龍馬の諜報活動の一端を担っていた、したたかな女性だった、といえる。

●龍馬はお龍と渡欧していた？

ちなみに龍馬の伝記には、まる半年間、まったくの空白期間がある。どこで、何をしていたか？　まったく不明なのである。

想像を逞《たくま》しくすれば、私は龍馬は海外雄飛していた……と考える。

むろん、手引きしたのはグラバーだろう。旅費などもグラバー（フリーメイソン）の負担だったはずだ。それも、香港、上海から海路でイギリスまで足を延ばしたのではないか？　さらに、大西洋を越えて渡米していた可能性すらある。

それに、内妻、お龍も同行していた⁉　すると、じつにロマンチックな旅となったはずだ。以上はあくまで空想だが、『龍馬、海を渡る』というタイトルで小説に書きたくなってくる。

自伝に空白期間がある……ということは、絶対に記録に残せなかったからだ。記録にできない。それは、即、諜報活動の意味だ。もしかして、英国ロッジでメイソン入会秘儀を受けたのでは……と心配になる。しかし、大方の龍馬研究者は、龍馬はメイソンに誘われたが、入会していない……という。入会儀式には英語の受け答えが不可欠だ。しかし、龍馬は英語がまったく不得手だったので、メイソン入会はありえない、という理由だ。

これらは、あくまで私見にすぎない。ただし、龍馬が海外体験の事実を一言もしゃべった記録はない……ということも反論にはならない。グラバー＝メイソンとの関係を隠す必要があったから、沈黙は当然なのだ。

「私は、このとき、龍馬は海を超えていたと推察します。さらにアメリカにまで足を延ばしていたかも知れない。それを、手配したのは、もちろんグラバーでしょう。龍馬がその外国体験を、一切、口にしなかったのは、グラバー（フリーメイソン）との関係を隠す必要があったからです」（『天皇は朝鮮から来た⁉』前出）

さて——京都、寺田屋で幕府捕吏の襲撃を受け、あわやというところで龍馬は難を逃れる。

しかし、その一年後、近江屋で何者から襲撃され一命を落す。

ときに三三歳の若さだった。これが、俗にいう龍馬暗殺事件である。

これで、下手人が判別していれば、龍馬論もピリオドが打てるのだが、いまだ、暗殺犯、さらに黒幕について諸説紛々……。決着は、ついていない。

まさに、幕末史の最大ミステリーとして、いまだに語り草となり、異論百出の中で、龍馬ファンたちの白熱の議論を呼んでいる。

「コナクソ！」刺客は龍馬、中岡に斬り付けた

●十津川郷士と名乗る三人

通説によれば、龍馬暗殺にいたる経緯は、次のようなものである。

……慶応三年一一月一五日、夕刻、近江屋の龍馬を中岡信太郎が訪ねた。

このとき、近江屋の母屋二階には、龍馬の僕《しもべ》、藤吉と菊屋の息子、峯吉《みねきち》がいた。中岡の用事で外出した峯吉が戻ってくると、やがて藩下横目の岡本謙三郎がやってくる。藤吉は別間におり、四人が雑談を交わしていると、龍馬が峯吉にシャモを買ってくるよう命じた。

峯吉が使いに出ると、岡本も一緒に帰る。

峯吉がシャモを買い、戻ってくるまでに、二、三十分の時間がかかった。

その間に、十津川郷士と名乗る者が近江屋を訪れ、龍馬に面会を申し込む。応対に出た藤吉は相手の名札を受け取り、二階に戻る。この背後を三人の男がつけ、龍馬に名札を渡して部屋から出てきた藤吉を、男の一人が斬り付けた。倒れる物音に、龍馬は「ほたえな」（うるさい）と叱咤《しった》しながらも、中岡と一緒に名札に目を落としている。

刹那《せつな》、奥の部屋にいる龍馬と中岡に、「コナクソ」と叫んで、二人の男が斬りかかった。

龍馬は前額部を横に、中岡は後頭部に初太刀を浴びる。さらに、斬りつけてから、とどめの太刀をいれることなく「もうよい。もうよい」との言葉を残して去っていった。

龍馬は、脳漿《のうしょう》が流れ出すほどの傷だったが、階下の近江屋新助に向かって医者を呼ぶように声をかけ、中岡は助けを求めて隣家の屋根まではって行ったが、それ以上のことができなかった（『坂本龍馬101の謎』新人物往来社）。

――暗殺者たちが去った後も、龍馬、中岡慎太郎ともに、息があったことがわかる。

しかし、とりわけ龍馬のそれは、致命傷だった。

●中岡は二日後に死亡した

……新助、二階の物音に土佐藩邸に通報しようと飛び出したが、入り口に見張りが立っていたため、裏口から通報に向かった。急を聞いて、第一番に嶋田庄作が駆け付ける。

嶋田が近江屋の入り口をうかがっているところに、シャモを買ってきた峯吉が戻ってきた。嶋田が龍馬が襲われたことを告げるが、本気にしない峯吉は二階に上がろうとすると、藤吉の唸り声が聞こえる。二階に上がると龍馬がうつぶせに倒れ、中岡は隣家の屋根にいて、呻いていた。賊が立ち去っていることを峯吉が階下に告げると、嶋田と新助らが上がってくる。力を合わせて中岡を部屋に運び込むと、やがて藩邸から曽和慎八郎がやってきて、谷千城と毛利恭助も駆け付け、医師の川村が中岡と藤吉の治療にあたった。

峯吉は裸馬で白川の陸援隊に走り、まず本川安太郎が、次いで田中顕助（田中光顕）が、薩摩藩邸の吉井幸輔をともなって駆け付ける。中岡は彼らに注意を与えるとともに、犯人が「コナクソ」と叫んだことなど襲撃時の状況を伝える。現場には、犯人の物と思われる刀の鞘と下駄が残されていた。

龍馬はすでに死亡し、藤吉は翌日、中岡は一七日に死んだ（同）。

――以上が、龍馬暗殺の顛末《てんまつ》である。

下駄、鞘《さや》の物証による新選組犯行説

●最初は新選組とみなされたが

三人が死亡して、遺体の検分が行われた。

その結果、龍馬は大小三四か所、慎太郎は大小二八か所、藤吉は七か所の斬り傷が確認された。つまりは、メッタ斬りだ。これでは、即死でないのが不思議なほどだ。

近江屋新助は、襲撃の翌日、襲撃現場に残されていた瓢亭《ひょうてい》の焼印がある下駄を手に、瓢亭を訪ねた。そこで、襲撃の一五日の夜に「新選組が下駄を借りた」という証言を得た。

さらに、現場に駆け付けた元新選組の伊東甲子太郎は、残された鞘《さや》を新選組の原田左之助ものだと認めた。

つまり、残された二つの物証、下駄、鞘で新選組の見回り役の犯行説が確定された形だ。

ところが、関係者の証言は微妙に錯綜《さくそう》し、真贋が混沌としてくる。物証の二足の下駄ですら、実は、祇園「中村屋」他のものだった、という。

そして、それは襲撃犯の物でなかった……というのだ。残された鞘に関しても証言もあやふやとなる。さらに、関係者の証言への疑念が出されたり、龍馬暗殺はミステリーの様相を呈してきた。

これまでに出された諸説を検証する。

①新選組犯行説

事件当日から、刺客は新選組だと目されていた。一八日には、新選組により伊東甲子太郎まで殺害され、土佐藩には怒りと恐怖が渦巻いた。現場に残された鞘で、刺客は新選組らしいという予断から、鞘の持ち主は、原田左之助という〝証言〟を得た。

これを受け、土佐藩、老中の板倉勝静に訴え出た。

幕府は近藤勇らに事情聴取を行っている（『神山郡廉《くにきよ》日記』）。

この事情聴取で、近藤勇は関与を否定した。しかし、逆にそれが新選組への疑いを深めることになる。ただ、新選組が関与したのであれば、襲撃隊士に報償の手当てが払われているはずだが、その支出の証拠は出ていない。これが、新選組犯人説を否定する根拠となっている。

②見廻組・今井信郎説

見廻組・今井信郎《のぶお》は『刑部省口書』で、自らが龍馬を暗殺した、と証言している。

しかし、来訪したとき「松代藩」と書いた名札を出した、と証言しているが、実際の「十津川」の名札と異なる。「龍馬事件を新政府にまで引きずりたくない」という勢力が〝作文〟させた、という指摘がなされている。

しかし、晩年にクリスチャンとなった今井は、「自分こそが龍馬を殺害した」と証言をくつがえすことなく、生を終えている。

③見廻組・渡辺篤《わたなべあつし》の証言

見廻組・渡辺篤《わたなべあつし》は、明治四四年、『渡辺家由緒歴代系図履歴書』で、「龍馬を斬ったのは、自分をはじめ、佐々木只三郎、今井信郎、世良敏郎《せらとしろう》ほか二名だった」と証言している。

これは、今井信郎の証言を裏付けるものだ。

④薩摩藩士、中村半四郎説

これは、意外や龍馬を殺害したのは幕府側でなく、身内の倒幕派だった……という説だ。

その理由は、薩摩藩とって「龍馬は邪魔者になった」ことをあげる。龍馬は大政奉還の無血革命を主張しており、あくまで武力倒幕を主張する薩摩藩とは意見が対立していた。そこで、薩摩が放ったヒットマンが、〝人斬り半次郎〟こと中村半四郎という説だ。

⑤田中光顕ら集団陰謀説

これは、身内に真犯人がいた……とする奇想天外説だ。

「……龍馬の誕生日をするということで、中岡を呼ぶ。その中岡の説得を陸援隊の副長格の田中光顕がする。龍馬の下宿先の近江屋に陸奥宗光と白峰駿馬《しらみねしゅんめ》を呼び、龍馬と三人で酒をもてなし（中略）龍馬と中岡を剣で殺害する。その機会が訪れないときは、田中光顕と陸奥宗光、または谷千城と岡本謙三郎が〝毒〟をもる。その〝毒〟は田中光顕が持参する」。刺殺が無理なら毒殺という〝殺人パーティ〟説だ。これは、状況設定にどうも無理があるように思える。

裏切り者、龍馬をメイソンは許さなかった

●ヒットマンは誰でもよい

――龍馬ファンにとって、最大の関心事が、暗殺の真犯人は誰か？　というミステリーだ。各々、想像推理を逞《たくま》しくして、様々な〝犯人像〟が次から次に取り沙汰されている。

各々、自説に固執《こしつ》する余り、それと矛盾する〝証拠〟には、事細かに反論する……というパターンだ。こうして、龍馬暗殺の真犯人は、まさに〝藪《やぶ》の中〟状態となっている。

私の意見を言わせてもらえば、誰が殺したか？　……は、それほど重要な問題ではない。

それより、誰が命じて龍馬を殺させたか？　のほうが重大だ。

真犯人は、殺害を命じた勢力であることは、いうまでもない。

古今東西……暗殺者（ヒットマン）が、だれかは大した問題ではないのだ。

ヒットマンを雇い、命じた人はだれか？　これが真犯人なのだ。これが重要である。

では――だれが、龍馬暗殺を決定したのか？

以下は、あくまで私の推論だが、それは〝闇の勢力〟のフリーメイソンだと考える。

その根拠は、大本をたどればアルバート・パイクに至る。

この〝黒い教皇〟は、第一次、二次、三次大戦まで「計画」している。

そして、フリーメイソンは、着々と周到にこの計画を、まさに一分の誤差なく実行に移している。

●内戦陰謀を覆した大政奉還

前述のように、〝かれら〟は大戦の間には、次の大戦につなぐ「革命」「戦争」などを計画、配置していく。「アヘン戦争」、「南北戦争」、「明治維新」……も、その連関する「計画」の一環である。その陰謀中枢はいうまでもなく、秘密結社フリーメイソンであり、司令部本部はマセソン商会でまちがいない。

「明治維新」の仕掛けとなるのが幕末戦争だ。具体的には、日本の内戦だ。

革命軍、政府軍の双方に金融・軍事援助をして、激突させて内戦に誘導する。そして、革命軍には新式ライフル、政府軍には旧式ライフルと密かに装備に優劣を付けて、革命軍（薩長同盟）が勝利するように仕掛けている。

内戦で国中が焦土と化し、新政府が疲弊しているところに人道的支援を装って、新政府を援助して、植民地化を謀《たばか》る。これが、シナリオだった。

だから、革命軍と政府軍との全面戦争が前提だった。

そこで、金融・兵器の二面作戦でまず莫大な利益をあげることができる。

マセソンは、龍馬をグラバーを通じて、革命軍の武器調達エージェントに育て上げた。

ところが、龍馬は、日本を全面内戦に持ち込もうとするメイソンの深謀遠慮を察知し、武力倒幕から無血革命へ転じた。いわゆる大政奉還である。

江戸城無血開城は、その第一歩となった。

つまり、龍馬はグラバーにしたがっている素振りをしながら、土俵際でうっちゃったのだ。

全面内戦を見越していたマセソンの激怒は、想像できる。

孝明刺殺、天皇すりかえ、そして龍馬暗殺

●ヒットマンは命令者を知らない

フリーメイソンは、その遠大な計画を妨害する存在は、絶対に許さない。

怒り心頭の憤激はメイソン中枢でも同じだろう。司令本部のマセソンは、直下の部下グラバーに、裏切り者、龍馬の〝始末〟を決定し命じた。

これが、私の推理である。〝かれら〟は、孝明天皇暗殺の謀略や明治天皇すりかえの策略の背後にもいたと思われる。なぜなら、紛《まぎ》れもないメイソンと目される伊藤博文が孝明天皇を刺殺した、という証言がある（宮崎鉄雄証言）。

そして、明治天皇（睦仁）とすりかえた大室寅之祐は、フルベッキ写真で、当のフルベッキの直前にいる。フルベッキが、この少年を熟知していたことは、まちがいないだろう。

なにより、寅之祐は九〇キロの巨漢……。〝すりかえ〟は誰の目にも明らかだ。

これら二大事件は、明治新政府の二大醜聞（弱点）である。

この最大秘密を、国際秘密結社は証拠と共に掌握《しょうあく》したのだ。フルベッキ写真は、その一つにすぎない。最大の〝弱み〟を握られた明治政府は、〝闇の支配者〟に絶対服従するしかなくなったのである。

●メイソンは裏切りを許さない

〝かれら〟は、このような遠大な計画を阻害する存在は許さない。

龍馬の暗殺は、裏切り者へのみせしめでもあった。

だから、ヒットマンが新選組でも、見廻り役でも、だれでもかまわない。

また、暗殺者には、多重の指揮系統から指示が出される。これも、〝暗殺〟のセオリーだ。

だから、実行者は、いったい誰が自分に命じたかは、永遠に分らない。

さらに、私の推論だが、見廻組・今井信郎は、自分たちが龍馬暗殺の真犯人と、証言している。そして、晩年、クリスチャン帰依したのちも、自らが犯人である、と懺悔《ざんげ》しつつ亡くなっている。見廻組・渡辺篤も今井信郎らと襲撃した、と詳細に証言しており、彼らが真犯人ではないか、と思われる。

ただし、彼らヒットマンたちは、上からの命令で襲撃したはずだ。

さらにその上司を動かした命令が、どこから出ているかは、まったく知らなかったはずだ。

ましてやそれが国際秘密結社から発せられた……など、まったく夢にも思わなかったはずだ。

龍馬研究者も、実行犯さがしより、命令者をつき止めることに専念して欲しいと思う。

江戸文化、叩いて、壊して、文明開化？

●江戸は花咲き誇る楽園都市

「江戸は、この世の楽園（パラダイス）だった……」

初代、米駐日公使ハリスの言葉を忘れてはならない。

二七〇年もの平和が維持された国は、他にはないだろう。

三〇〇余の幕藩諸侯は、軍事力ではなく、文化力で、妍《けん》を競った。

江戸時代において、絵画、彫刻、庭園から建築さらには大衆文化にいたるまで、江戸文化は見事に華開き、最高レベルにまで昇華し得たのである。

その意味では、文化というより江戸文明と呼ぶべきものだった。

それは、まさに東洋文明が到達した精緻の極致であった。

百万都市、江戸において各藩は大名屋敷の造園、絵画などで美の粋を競い合った。

そのため江戸は世界に類をみない庭園都市となったのだ。

まさに平和のもつ底力は、かくも素晴らしい。

●〝華のパリ〟も糞尿まみれ

それに対して、その間、欧米列強は覇権戦争に明け暮れていた。

破壊につぐ破壊、殺戮《さつりく》につぐ殺戮、謀略につぐ謀略……。

それらを背後で操って、戦争と金融で甘い汁を吸って暴利をむさぼってきたのが、本書で告発した秘密結社フリーメイソンに巣くう巨大資本家たちであった。

その筆頭がロスチャイルド一族であることは論を俟たない。

当時、欧州では〝華のパリ〟ですら糞尿まみれだった。

ほとんどの富は戦争遂行に吸い上げられ、都市整備すらままならなかったのだ。

各アパートの窓からオマルに入った排せつ物を「アトンション！（気をつけて）」と叫んで路上にぶちまけていた。淑女のハイヒールは、これら糞を踏まない為に開発された（？）という笑話もある。あのベルサイユ宮殿ですらトイレがなかった……というから信じられない。用は庭に出て足していた、という。

レディのボンネット型スカートは、それを隠すために開発された……云々。

ちなみに、日本語のかわや（厠）は、江戸の水洗便所（！）に由来するのだ。

それに比べると、当時の欧米文化はとても文明的とはいえぬ野蛮さ、猥雑《わいざつ》さにまみれていた。

そんな欧米に憧憬《どうけい》、羨望《せんぼう》したのが官民あげての「明治維新」の異様な熱気であった。

●寺子屋で欧米の四倍識字率

日本にやってきたドイツ医師ベルツは、待たせていた車夫が懐から絵草子を取り出して読み始めた姿に驚愕している。

車夫馬丁といえば最下層の民つまりプロレタリアートだ。欧米では、最低限の教育すら受けずに社会に投げ出された人々だ。ところが、日本では、悠然《ゆうぜん》と書物を読んでいる。エリート・ドイツ医師の驚嘆も当然だ。

当時、欧米の識字率は二〇％前後と言われる。約八〇％は文盲だった。

英国作家ディケンズの作品「オリバー・ツイスト」のように都市には孤児が溢《あふ》れ、工場では過酷な児童労働が当たり前だった。教育はまさに資本家やブルジョワジー師弟の特権であった。

かえりみて、当時の日本では全国二万余か所に寺子屋があった。

そこでは、身分、性別、貧富の差なく「読み」「書き」「算盤《そろばん》」を教えた。

そして、教科書は、孔子孟子の四書五経である。東洋哲学の最高水準の教典をテキストとしていたのだ。だから、ベルツ医師を驚かせた車夫も悠然と絵草子が読めたのである。

よって、江戸時代の識字率は八〇％を超えていた。欧米の四倍である。

こうなると「明治維新」は文明開化か？　文明退化か？　わからなくなる。

富国強兵、さあ！　奪え、殺せ、大陸侵攻だ

●平和主義から軍国主義への悲劇

江戸文明を支えたのが、絶対的な平和であった。

「維新」最大の悲劇をあげよ、といわれたら、私は断言する。

——江戸の平和主義から、明治の軍国主義へ——転換させられたことである。

世界の歴史を背後から支配してきた秘密結社にとって、最大の悪夢は〝平和〟である。

平和が続くと、まず武器が売れない。すると金融が動かない。

武器と金融は戦争による二大荒稼ぎシステムだ。

それが、平和では稼働しない。つまり、もはや、利益は望めない。

〝死の商人〟にとっては、平和こそ悪夢なのだ。

無辜《むこ》な大衆にとっては、戦争こそ悪夢なのだ。

孝明天皇は、徹底して攘夷を唱え続けた。それは、青い眼の背後に潜む悪意に気付いていたからだ。だからこそ、〝かれら〟の手先、伊藤博文に斬殺された。

こうして、「明治維新」以降の〝近代〟日本は、ガラリと一変した。

江戸の平和主義を打ち捨てて、軍国主義に一八〇度、大舵を切ったのだ。

富国強兵、国民皆兵、大陸侵攻——さあ！　奪え、殺せ、攻めろ……！

こうして、近代ニッポンは〝闇の力〟に巧みに操られ、暴走させられ、太平洋戦争に突入した。真珠湾攻撃すら、〝かれら〟に巧妙に誘導されたものなのだ。

そして……敗戦。

国破れて、山河無し。焦土に呆然と立ち尽くしたニッポン人。

無残にも三〇〇万余の貴い命は惨殺の憂き目にあった。

明治、大正、昭和で国民が営々と働き蓄えた国富は、すべて兵器と金融……つまり戦費に奪われ、失われた。

それでも、ニッポン人は自分たちが「維新」以来、巧妙悪辣《こうみょうあくらつ》に〝悪魔たち〟に操られてきたことに、だれひとり気づいていない。

――そして、現代、国家秘密法、戦争法から共謀罪……。

次から次へと愚政暴政は強行採決で迷走を続けている。

こうして歴史は、またもや繰り返される。

……この道は、いつか来た道……嗚呼《ああ》そうだよ。

それは悲嘆と悔恨に、またもや至る道なのだ。

日本の近代を問うことは、日本の未来を問うことだ。

人まかせではなく、みずからの意志で、未来を切り拓く……。

それは、国家だけにかぎらない。

それは、あなた個人にも同じことがいえるのである。

第９章　日本を裏から操る「田布施システム」とは何か？

――長州こそは、今も昔も、メイソンの巣窟……

田布施一族に、乗っ取られた日本国家

●朝鮮系地域が明治政府を支配

「田布施システム」という言葉をご存じか？

初めて聞いたという人が、ほとんどだろう。

田布施とは、山口県、南東の隅に位置する小さな町だ（左図）。

さらに、鹿児島に同名の町が存在する。

両者にも、朝鮮系が住み着いた地域があった。

しかし、それは珍しいことでも、なんでもない。

実は「明治維新」の前から、日本には多数の朝鮮系地域が点在していた。

そもそも、江戸時代が外国との鎖国時代だった……というのは、間違いだ。

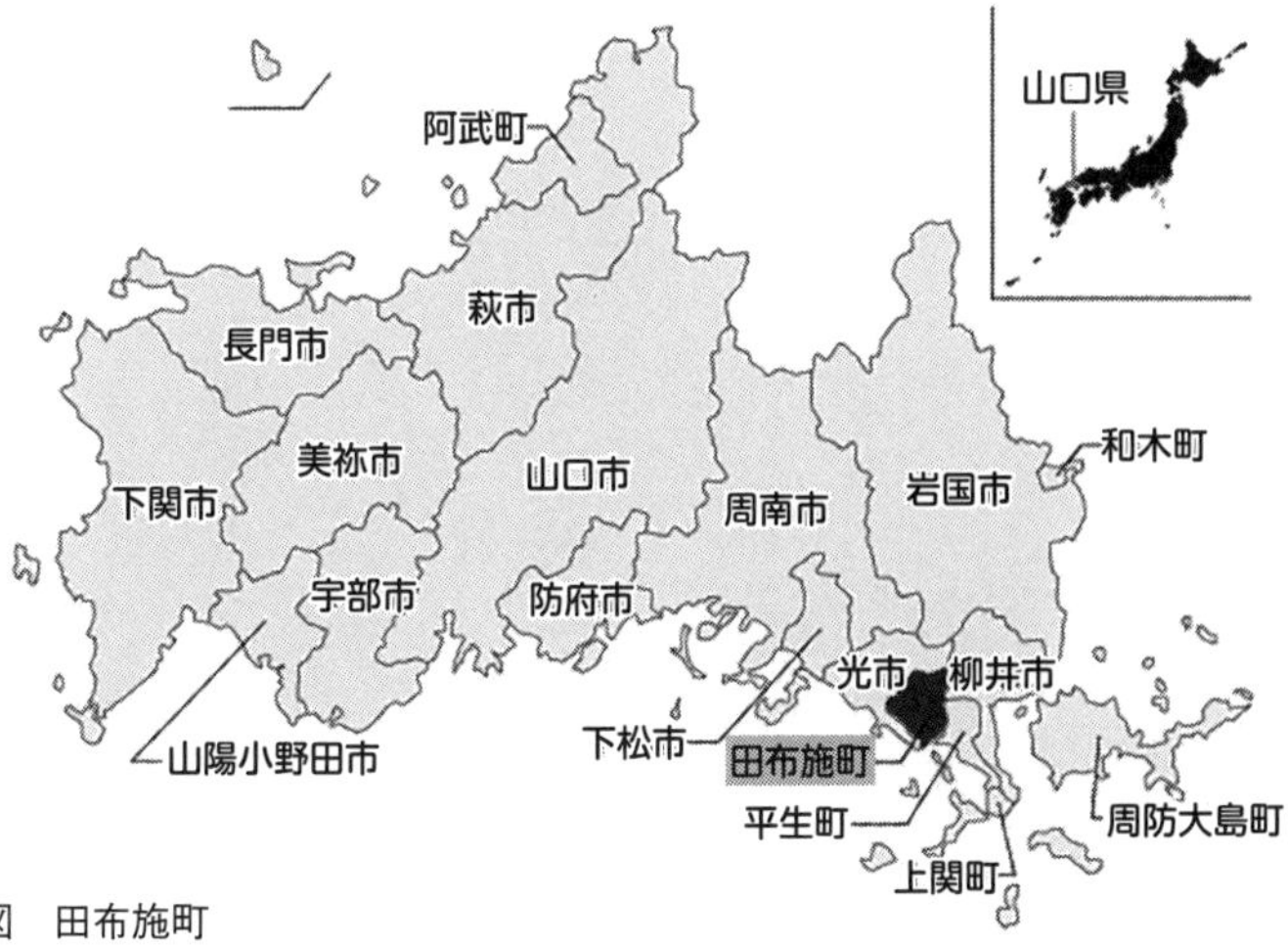

図　田布施町

当時でも日清貿易、日朝貿易が盛んに行われており、長崎ではオランダとの通商が盛んだった。だから、全国各地に外国人が多く住み着いていた。

とくに博多には中国系地域があった。この地は元寇以来、日宗貿易が盛んで、南宗人が多く住み着き、一種の集落を形成していたという。だから、全国各地に朝鮮系地域が点在していたことに、何の不思議もない。

その中でも、長州と薩摩の二つの田布施は、突出していた。

とくに、長州の田布施からは、錚々《そうそう》たる人物が輩出されている。

「田布施システム」を一言で言うと、こうなる。

「……長州藩『田布施』一味が、明治維新で日本を乗っ取った」

さらに、付言すれば――

「……朝鮮系地域の人間が金融財閥（ロスチャイルド等）の家来として、明治政府の権力者となった」

●長州が天皇と国家を作った

その「田布施システム」は、現在も日本を支配している。

「……鹿児島の田布施も、山口県の田布施と同じ朝鮮系地域である。小泉純也は上京して、小泉又次郎というヤクザ（刺青大臣）の婿養子となって、小泉姓を名乗り、日本国籍を取得したのだ。小泉の次に安倍政権。そのいずれもが田布施の出身であることが、偶然であるわけがない。ユダヤ国際金融勢力（フリーメイソン等）は、こういう人物を使って、日本乗っ取りを支援しながら、連中の弱みを握って、思い通りに支配してきたのだ。ユダヤは徹底的に日本の事情＝弱点を探って研究しつくしている」（ブログ、asianpopqq 氏）

鬼塚英昭氏は指摘する。彼は田布施システムを熟知し、日本支配を影で進めた外国人として英国公使ハリー・パークスと外交官アーネスト・サトウの名をあげる。

パークスは、サトウを使って、日本の被差別部落を徹底調査させている。

「天皇を御作り申したのは、われわれだ……とは、明治以前に生まれた長州の老人たちによく聞かされた」（益田勝実氏）

これは、長州が天皇を作り、天皇制の国家を作った……という証言である。

そして、フリーメイソンの諜報員（スパイ）も、それを影で熟知し、近代日本の弱味として握ったのである。

明治の元勲から昭和の妖怪まで続々……

●安倍首相も田布施の末裔だ

こんな小さな、小さな地域から、なぜか、多くの日本の要人、政治家が出ているのだ。

幕末には、当然、町名などない。当時は、長州の片隅の貧しい地域にすぎない。

その田布施から、なぜか、多くの幕末の志士、偉勲、さらには、近代から現代にかけて政治の要人が輩出されている。

その名を、挙げると――伊藤博文、木戸幸一、河上肇《かわかみはじめ》、難波大助《なんばだいすけ》、安倍源基《あべげんき》（敗戦時の内務大臣）、賀屋興宣《かやおきのり》、さらに共産党の重鎮、宮本顕治まで、田布施出身なのだ。さらなる大物もいる。〝昭和の妖怪〟こと岸信介、その弟、佐藤栄作も田布施一族である。

だから、岸の孫である安倍晋三も「田布施システム」の一脈なのだ。

幕末の明治維新を成し遂げたのは、薩摩、長州、土佐、肥前の若き志士たちであった……。

これが、巷間伝えられる説である。これら、倒幕四藩を薩・長・土・肥と呼ぶことは、小学校の歴史でも学んだ。

●小さな地域が日本を支配した

しかし、幕末から明治にかけて、これら四藩の英傑、志士たちの多くは命を落としている。薩摩の西郷隆盛、大久保利通、土佐の坂本龍馬、中岡慎太郎、肥前の江藤新平……など。

これら、短命、夭折の志士たちに比して、巧みに生き残り、明治政府の要職を独占したのが長州であった。そして、不思議なことに、明治維新後、田布施出身の多くが明治政府の重要なポストを独占し、その流れは、大正、昭和と受け継がれている。

そのシステムは、岸、佐藤、さらには安倍政権にまで、引き継がれているのだ。

よく、おらが国さの××大臣……などと、故郷自慢は、どこの地域にでもある。

しかし……、もう一度、山口県（元、長州）の田布施の地図を見て欲しい（前出）。こんな、米粒のように小さな地域から、明治、大正、昭和から現代にかけて、政治の要人が、これほど多く輩出することは、はたして偶然でありうるのか？

それは、絶対にありえない。その配備には、なんらかの〝意志〟が存在したことは、疑う余地はない。ズバリ、有りていに言ってしまえば、「明治維新」以来、日本は、この狭小地の地域出身者に、乗っ取られて今日にいたるのだ。

だから、日本の近代史を語るなら、この〝地域〟の存在に注目しなければならない。

南朝の末裔、田布施の大室寅之祐

●田布施発「王政復古の大号令」

「明治維新」の始まりは、一八六七年、「王政復古の大号令」である。

それは、武家政治を完全に廃止し、天皇による王政を中心とした新政府を樹立する、という号令（宣言）である。

その「大号令」は、なんと田布施で発せられたのだ。

場所は、田布施町の高松八幡宮。この地は、かつて、幕末の混乱期に京都から七人の公家が落ち延びた場所でもある。この事件は俗に七卿落ちと呼ばれる。

この地に逗留《とうりゅう》した公家たちと、吉田松陰派の志士ら倒幕派が謀議し、王政復古の産声を挙げた場所である。

一八六七年一二月九日――〝玉〟および奇兵隊、一条勝子、以下、三条ら五卿、さらには島津久光、薩長同盟の幹部などが、田布施町麻郷井神の高松八幡宮にて、「王政復古の大号令」を発して、出陣式を執り行なった、と伝えられる。

「大号令」により、江戸幕府は、存続を断念し、「大政奉還」に追い込まれるのである。

「大号令」は、はやくいえば「革命宣言」である。

それが、天皇の在所の京都ではなく、長州の僻村、田布施で発令されたことが、じつにシンボリックである。それは、真の政治中心地が、京都御所ではなく長州の田布施であったことを暗示しているからだ。

●〝隠し玉〟南朝末裔の寅之祐

「田布施システム」の発端は、この「王政復古の大号令」から、さらに大事件へと至る。

それが、明治天皇すりかえ事件だ（第7章）。

初めて聞いた人は、「絶対に有り得ない！」と首を振るだろう。それほど、驚天動地のスキャンダルだ。近代日本最大の恥部……といって過言ではない。

だから、ひた隠しにされてきたのだ。

即位したばかりの明治天皇は、（暗殺という）不慮の死をとげた孝明天皇の嫡子《ちゃくし》、睦仁親王であった。それが、一年足らずで身の丈六尺余りの大男に変貌した。つまり、すりかえられた。

この大男こそ、明治天皇の〝替え玉〟大室寅之祐である。

この大室寅之祐は、出処不明のどこかの馬の骨というわけではない。

かの南北朝の対立で破れた南朝方の末裔と言われている。

南北朝時代とは、一三三六年（建武三年）から一三九二年（明徳三年）までの五七年間を指す。この間、天皇家は、北朝、南朝の二つの血脈が対立する……という異常事態が続いた。

結局は、北朝が勝利し、南朝は廃絶とされた。

しかし、全国の雄藩、豪族らは、いつの日かの天下取りを夢見て、そのときに擁立すべき〝隠し玉〟として、南朝子孫を、密かに匿《かくま》ってきたのだ。

長州藩の前身である毛利一族も、南朝系の子孫を将来、南朝復興論とともに擁立するため、密かな南朝方の末裔を養ってきた。

そして、ついに幕末で徳川幕府が傾き、悲願の倒幕、南朝復興の時期が到来したのだ。

この〝隠し玉〟大室寅之祐が育った地が、まさに田布施なのだ。そして、その養育係が、当時、下忍という足軽以下の最下層であった伊藤博文なのだ。

●薩長同盟の密約は南朝擁立

吉田松陰、伊藤博文、桂小五郎など長州の志士たちは、この南朝方の少年、大室寅之祐を天皇に仕立てて、新政権を奪取しようと策を練ったのだ。

田中光顕は、次の証言を残している。

「……薩長同盟に導いた根本の原因は、（長州の）桂小五郎から西郷南洲（隆盛）に、『我々は、この南朝の御正系を、お立てして王政復古するのだ』と云うことを打ち明けた時に、西郷南洲は南朝の大忠臣・菊池氏の子孫であるから衷心より深く感銘して之に賛同し、遂に薩藩を尊皇倒幕に一致せしめ薩長連合が成功した。この大政奉還・明治維新の源動力となった」（三浦芳

聖著『徹底的に日本歴史の誤謬を糺す』より）
近代日本の〝黒幕〟田中光顕は、明治天皇すりかえの発端から熟知していたのだ。

●田布施は偽天皇の出処だった

南朝の血脈が、田布施の一少年、寅之祐に至る経過は、次のようなものだ。

まず、南朝といえば後醍醐天皇である。その第一皇子である護良親王の息子の光良親王の子孫が地家氏である。その地家氏の家系に連なるのが寅之祐の生家に連なる。

その地家氏は、毛利家以来、「天下を取ったときの〝隠し玉〟として大切に匿われてきた」のだ。だから、寅之祐は幼時は、地家寅之祐と名乗っていた。その後、彼は、同じく護良親王の末裔という田布施の大室家に養子で入り、大室寅之祐と名乗るのである。

つまり、田布施は、明治天皇とすりかえられた偽天皇の出処であった。

だから、これが「田布施システム」のスタートといえるだろう。

朝鮮系の末裔が日本を支配する

●安倍も小泉も同じ朝鮮系

「田布施システム」を最初に指摘、解明したのは、歴史研究家、鬼塚英昭氏とされる。

彼の説によれば、田布施地域は、もともと百済末裔を自称する大内氏一族が毛利家に破れた後に出来た〝朝鮮系地域〟という。

しかし、在野の古代史研究家、石渡信一郎氏の研究によれば、六六三年、白村江の戦いで滅亡した百済王朝一族が、日本に亡命して創始したのが現天皇制の出自という。そもそも、日本人の約半分の血脈は渡来人（弥生人）なのだ。そして、先住民（縄文人）と混交している（『応神陵の被葬者はだれか』三一書房）。

だから、日本人に半島からの血が混じっていることは当然のことである。

ただし、大内氏一族は「一貫して百済聖明王の末裔を名乗ってきた」という。だから半島祖国、百済に対する思慕は特に深く、朝鮮系としての誇りとアイデンティティがことの他、色濃かったのだろう。

鬼塚氏の主張は、以下の通り。

「政界には、田布施出身者が数多くいる。彼らが日本を牛耳ってきたのが日本近代史である」「昭和史には、田布施が重要な場面で出てくる。終戦時の外相、東郷茂徳もその一人」「東郷が外相になったのは、敗戦時に天皇の海外の隠し財宝を秘匿するためである」「小泉元首相の父である小泉純也も（鹿児島県にある同名地名の）田布施出身で、彼も朝鮮系だが、小泉家に養子で入った。それゆえに、郵政民営化で国の資産をユダヤ人に売り渡したのだ」

安倍晋三も父親が朝鮮系あることは、疑う余地はない。

「安倍家の家政婦は、こう証言している。安倍晋三の父、晋太郎は、日頃から『自分は朝鮮だ』が、口癖で、亡くなったときの遺骨を見ても、韓国系の体系だった、と証言している」（『週刊朝日』二〇〇六年一〇月六日特集「家政婦は見た――安倍晋三の研究」）

●一体どちらが〝トンデモ論〟？

ここまで読んでも、初めて聞く人には、頭がクラクラする話ばかりだろう。

学校の歴史の教科書では、まったく習っていないことだらけだからだ。

「ウソだッ！」と本能的に叫びたくなるはずだ。

しかし、歴史（ヒストリー）とは、ヒズ・ストーリー（権力者の物語）という定理を忘れてはならない。権力者は、自分に都合のよい〝歴史〟を捏造し、支配する人民大衆を〝洗脳〟してきた。それは、古今東西変わらない。

そして、それが〝定説〟〝常識〟として定着する。それは、まさに〝洗脳〟の完成である。

だから、これら〝常識〟に反する異見を述べると、ただちに権力側から異端のレッテルを貼られ、迫害の憂き目に会う。これもまた歴史が教える通りである。

現在で、貼られるのは〝トンデモ理論〟というレッテルだ。

そうして、嘲笑し、黙殺する。

鬼塚説も攻撃派によって、レッテルを貼られている。

その攻撃の筆頭は、歴史研究家の秦郁彦《はたいくひこ》氏かもしれない。

秦氏は鬼塚氏に電話して「戸籍の無い大室寅之祐を、どうして明治天皇といえるのか？」と詰問している。さらに「(戸籍が無いのに) 寅之祐は本当に存在したといえるのか」と問い詰めている。つまり、秦氏は「戸籍がないから、寅之祐は存在しない」と一点張り。

これには呆れる。つまり「戸籍がない」ことを唯一根拠に、その後の寅之祐に関する史料、情報、証言は、すべてウソだ……と否定している。

唖然として、声もない。これでは融通の利かない単細胞の石頭……というしかない。

まあ、鬼塚氏は著書で「独断と偏見で書く」「批判は覚悟の上」と一刀両断の豪腕で書いている。そのスタンスは、歴史を捏造した権力側でない。徹底して、支配される民衆側である。

「田布施システム」に反論するなら、田布施という異様に狭い地域から、異常に多数の〝有力政治家〟を輩出させてきた政治マフィアのナゾを説明すべきだ。

それは、偶然で片付く問題ではない。

メイソンの日本支配ピンポイント基地

●ミスター共産党も田布施とは

そのマフィアの中でも、毛色の変わっているのが宮本顕治だろう。

日本共産党の重要人物、つまりミスター共産党も田布施出身なのだ。

他方で戦後日本を支配したミスター妖怪・岸信介も田布施マフィアだ。

反体制派と体制派の両巨頭が、いずれも田布施一族なのだ。

偶然にしては、あまりにできすぎているではないか。

これから、鬼塚説は、がぜんヒートアップしてくる。

「日本共産党は、天皇の一族（田布施）であった。むしろ、ロシア革命後は、彼ら（共産党）を使って、日本を赤化するのが天皇の目的だった」

「対米戦争を進めたのは、昭和天皇だ。あえて、二・二六事件を起こさせて、南進論を天皇の主導で進めたのは、そのためだ」

「昭和天皇は、戦後の米ソ体制になることを知っていた。世界の〝闇の権力者〟と戦中も含めて通じていたからだ」

ここで、ようやく、本書の主役フリーメイソンの登場とあいなる。

メイソンの中枢イルミナティを育てたのはロスチャイルド一味である。

そして、彼らが産み出した二大思想がコミュニズムとシオニズムなのだ。

歴史批評家ユースタス・マリンズは、これを人類を支配する二大疫病と唾棄《だき》する。

資本主義打倒を唱えるコミュニズム（共産主義）を、資本主義の権化ロスチャイルドが主導してきた……というのも、じつに皮肉が利いている。

それは、先述のように地球を資本主義と共産主義の二大陣営に二分し、対立させ、軍拡競争させて、稼ぐ……という、お得意の二股作戦のマクロ判である。

しかし、支配される側の人類は、こんな単純な仕掛けにも、気づかない……。

●戦争、革命はビジネス・チャンス

田布施は、これに較べればナノサイズ地球のような存在だ。

やはり、幕末から明治にかけて、〝闇の支配者〟（フリーメイソン）が、日本支配のためピンポイント基地としたのだろう。

鬼塚氏は確言する。

「世界の指導者、ルーズヴェルトやチャーチルもスターリンも、〝闇の支配者〟たる『国際秘密金融資本家』のグループに脅迫されてきた。昭和天皇もその一人である」

「国際金融資本家グループ（国際金融同盟）とは、主としてロスチャイルド家である」

「国際金融資本家たちは、世界の指導者たちの弱みを握っていた」

「天皇一族は、日清・日露の賠償金をスイスの銀行に隠していた。ルーズヴェルトやチャーチルは借金漬けであった。スターリンは過去の悪行を握られ、彼ら国際金融資本家を『ご主人様』と呼んでいた」――彼らは、いずれもイルミナティの主要メンバーでもあり、さらに上位に位置するロスチャイルド一族には、隷属する以外に道はなかった。

「隠し財産の皇室スキャンダルを握られていたため、第二次大戦に突入しなければならなくなった。スイスの国際決済銀行（ＢＩＳ）の利益追求システムに巻き込まれると、そうして必然的に戦争になっていく」（鬼塚氏）

戦争こそ、フリーメイソンにとって巨額の富を得る最高のビジネス・チャンス。さらに内戦、革命もそうである。

私は、田布施はメイソンの日本支配ピンポイント秘密基地として使われた……とみる。

全ては明治時代の田布施につながる

●田布施は少数民族集団だった

「……（〝闇の支配者〟は）これまで世論を左翼だ右翼だと、分断工作に勤《いそ》しんで、煽《あお》ってきたが、全ては明治時代の田布施につながり、搾取する側に、敵も味方もなかったと言うのが事実だ」（ブログ、Asianpopqqq 氏の解説）

さらに、解説は続く。

「長州、薩摩にある田布施町システムは日本の闇。日本における朝鮮人集落と、イタリアにおけるアルバニア人集落は微妙に似ている。海外にも、こういう国はたくさんあるだろう」

「一五～一六世紀頃、日本の山口県、鹿児島県へ渡った朝鮮人集落。イタリアのカラブリア地方およびシチリア島へ渡ったアルバニア人集落……」

世界各地に少数民族の集落が存在するのは、当然である……。

大内一族が毛利に破れた後も百済聖明王の末裔を誇りにし、田布施集落を束ねたのであれば、まぎれもなく少数民族集団である。鹿児島の田布施も同じだろう。

すると、朝鮮から渡来する者たちが、その集落をめざすのも当然だ。

そこには、〝同胞〟たちがいて、援助してくれるからだ。

さらに、無視できないのが、日韓併合（一九一六年）だ。さらに、創氏改名の強制により、韓国人の日本人化が推進された。それでも、彼らに対する酷薄な差別、弾圧は厳として存在した。これら弾圧に対して、たとえば田布施の地で彼らは、さらに血の団結を強めたであろうことは、想像に難くない。

●敗戦、夥しい朝鮮系が闇に潜る

そして……、一九四五年八月一五日、日本敗戦。この日は、韓国にとっては「光復節」という国家的記念日だ。文字通り、日本の支配が終わり、希望の光が復活した日なのだ。

創氏改名で日本名を強制されていた人々は、民族の誇りとともに、韓国名を取り戻した。

しかし、和名に慣れ親しんだ人々もいた。そんな人達にとっては、わざわざ、再び韓国籍に戻るより、日本国籍の方が都合がよかった。だから、日本に帰化し、日本人として生きる道を選んだ人も、相当数に上っただろう。また、日本国籍を取らずとも日本国内で生きる道を選んだ在日韓国人も、おびただしい数にたっした。

そして、彼らの多くが日本人社会に紛《まぎ》れていった。

彼らは、名字も名前も顔付きも、まったく〝日本人〟そのものである。

しかし、いうまでもなく彼らの民族的魂のルーツは韓国（朝鮮）なのだ。

戦後も日本を闇支配する朝鮮系人脈

●右翼は岸が半島人を組織化

同ブログ（前出）では、二〇一三年四月、平壌で行われた『金日成《キムイルソン》生誕100周年』の記念行事に出席するなど、なんども訪朝している人物A氏の独白が紹介されている。

「……真実を知ることは大切だよ。田布施システムが、ここまで語られるのは初めて見たし、絵空事じゃなく、真実味を帯び過ぎだわ」

A氏は「自民党は朝鮮総連に乗っ取られた」と驚くべき告発をする。

「……鮫島正純坊主――鮫島純也――小泉純一郎――小泉進次郎……全部、つながっちゃったな……自民党の中枢は、完全に朝鮮総連に乗っ取られていた。この鮫島正純は、朝鮮総連の大幹部だ。安倍さんのおじいさんの岸さんが、戦前・戦中にわたって、満州人脈・朝鮮半島人脈を利用して戦後右翼の大物として暗躍していたからな。

日本の『戦後右翼』は、岸さんが半島人を中心に組織したものだからなあ。統一教会、勝共連合、はたまた金日成とも、切っても切れない縁なんだ。それが、現代に続いている」

「表面は、日本と仲は悪そうに見えるが、日本と南北朝鮮は、もちつもたれつの構造を作ってしまった。日本はいつまで、その亡霊と戦わなくちゃいけないんだろうね。

この坊主（鮫島正純）は、小泉純一郎の親戚で、安倍総理の指南役だから、政府は黙認だよ。池口恵観《いけぐちえかん》（本名：鮫島正純）は、小泉純一郎のいとこです。三無事件の時は、自民党議員、馬場元治（元建設大臣）の秘書だった。

田布施システムかぁ……。少数朝鮮半島勢力による多数の日本土人支配の構図だ。池口の本名が鮫島で小泉純一郎の親戚とはな。近代日本を支配してるのは、朝鮮民族なんだよな」

この証言がどこまで真贋かわからないが、田布施システムの淵源がうかがい知れる。

「日本土人」とは屈辱的だが……今の日本を見ると、その支配は今日も続いているといわざるをえない。

A級戦犯、岸信介、正力松太郎はCIAスパイだった

●田布施をしのぐGHQシステム

このA氏の慨嘆に、さらに付け加えるなら、その「田布施システム」の上を行っているのが「GHQシステム」だ。

田布施出身で昭和の妖怪こと岸信介、敗戦後、A級戦犯として巣鴨プリズンに収監された。そのときの写真が残っている。(左写真)

「KISHI　NOBUSUKE」と名前が打たれ、囚人番号四三六。

この東京裁判では松岡洋右らが八人が絞首刑に処せられたのに、岸は突然、釈放される。

このとき、同時に釈放されたのが戦後マスコミ巨魁で読売新聞オーナーの正力松太郎と右翼の大物、児玉誉士夫だ。彼等は、GHQに連行され、某所で二週間ほどのオリエンテーションを受けた、と伝えられる。絞首刑になってもおかしくなかった三人が同時に釈放されたのはGHQが、三人を戦後日本支配の道具……つまり、飼い犬として……使う計画があったからだ。

●自民党はCIA工作機関

岸に課せられたのは、与党総裁として、まず日米軍事同盟を成立させる。

正力は、まず読売新聞などを総動員して、原発推進を行うこと。児玉は全国の右翼勢力の統括である。それら活動を主導し監視したのがＣＩＡである。現に後述のように、岸はＣＩＡから莫大な資金を得て、それを自民党成立の糧としている。つまりは、自民党そのものがＣＩＡによる対日工作機関なのだ。ちなみにＣＩＡ工作員名簿には、「ＫＩＳＨＩ　ＮＯＢＵＳＵＫＥ」の名がはっきり明記されている。

つまり、安倍首相の祖父は、れっきとしたＣＩＡスパイだったのだ。

正力松太郎にいたっては、ＣＩＡ課報員（スパイ）として〝ポダム〟という暗号名まで残っている。児玉についても、もはや言わずもがなであろう。

この田布施、ＧＨＱダブル支配の流れを組むのが自民党、清和会である。

いうまでなく、小泉も安倍も、清和会から総理に出世している。

ちなみに、小泉純一郎は、北朝鮮訪朝の空白の一〇分間に、金正日《キムジョンイル》から「あなたの父親は北朝鮮人だ

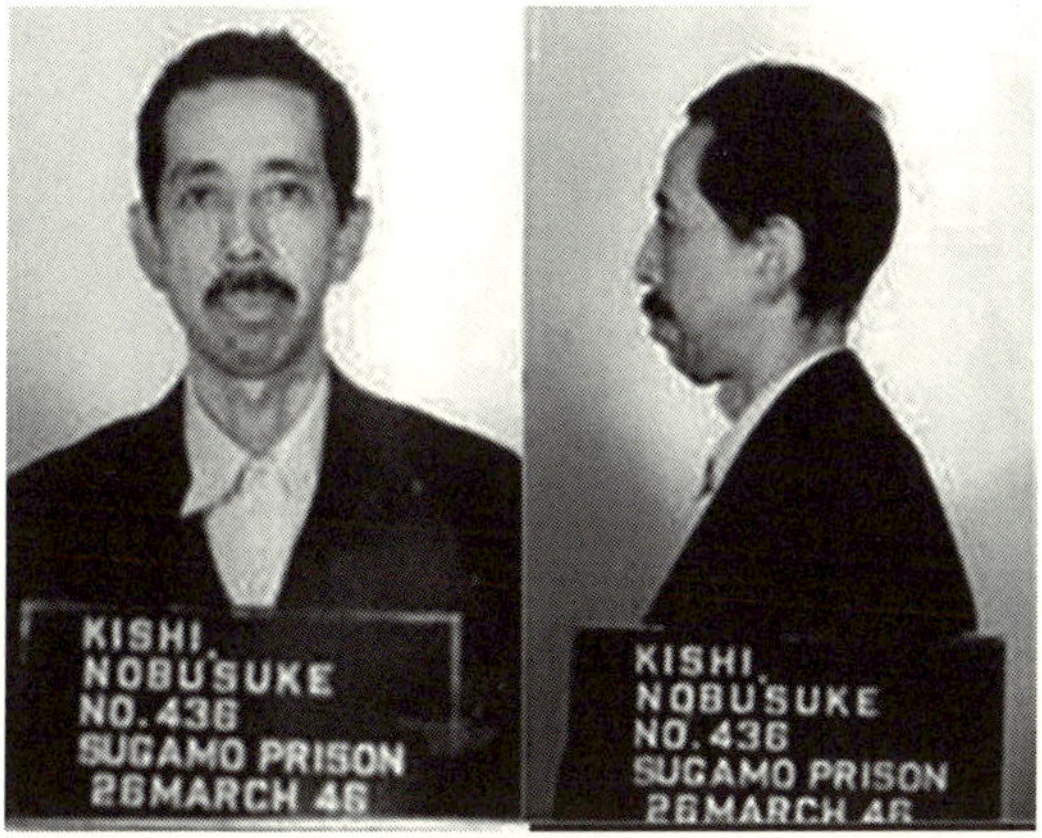

写真　岸信介

よ」と耳打ちされた、という（朝鮮総連関係者の証言）。

ＣＩＡスパイ岸信介に一五〇億円工作費！

●岸信介はCIAスパイだった！

岸信介がＡ級戦犯として逮捕、東京裁判で訴追されたのは以下の大罪による。

彼は第二次大戦中、中国大陸で満州帝国国務院に勤務する傍らで、里見《さとみ》甫《はじめ》の経営する「アヘン密売会社『昭和通商』で、吉田茂らと共にアヘン密売に従事していた」「岸信介はアメリカのエージェントだった！」。

これは『週刊文春』（二〇〇七年一〇月四日）の衝撃スクープである。

記事は、岸信介がＣＩＡの同盟者ではなく、エージェント（代理人）だった、と断定している。つまり、岸はアメリカ中央情報局のれっきとした〝スパイ〟だった、という。

その根拠は、『ニューヨーク・タイムズ』現役記者ティム・ウィナーの著書『灰の遺産　ＣＩＡの歴史』である。以下は同書よりの引用。

「米国がリクルートした中でも最も有力なふたりのエージェント（スパイ）は、日本政府をコントロールするＣＩＡ任務遂行に協力した」「そのうちの一人、岸信介はＣＩＡの助けを借りて日本国首相さらに与党総裁になった」

ＣＩＡが、もう一人あげたスパイが児玉誉士夫だ。これに、正力松太郎を加えればＣＩＡスパイ三人衆の完成だ。日本からすれば売国奴〝三羽ガラス〟と唾棄するしかない。

絞首刑になってもおかしくなかった岸信介が、なぜ、突然、巣鴨プリズンから児玉、正力とともに、密かに釈放されたのか？

まず、戦前の特務機関「矢坂機関」の矢坂玄《くろし》氏は、岸信介の実弟、佐藤栄作から直々に兄、信介の助命を嘆願されている。彼は親しいＧＨＱ連合軍総司令部のウィロビー少将に告げた。

「岸は役に立つ男だから殺すな」

さらに、白洲次郎や矢次一夫もＧＨＱに裏工作したという。

最後、釈放の決断を下したのはウィロビー少将だ。彼は対日工作機関Ｇ２（参謀部第二部）を統括していた。一九四八年、このＧ２から「釈放せよ」の勧告が下ったのだ。

ウィロビーは直轄の情報機関として「キャノン機関」や戦後も暗躍した「矢坂機関」を掌握していた。

●約一五〇億円！　ＣＩＡ対日工作費

共同通信の春名幹雄氏は、著書『秘密のファイル、ＣＩＡの対日工作』（下）で、ＣＩＡのスパイ岸信介に対して、アメリカ側が秘密裡に〝活動資金〟を支払った、と告発している。

『週刊文春』（前出）によれば、ＣＩＡが岸に支払った工作資金は一回当たり七二〇〇万円から一億八〇〇万円で、現在の貨幣価値なら、約一〇億円に相当する。

「アイゼンハワー大統領は自民党有力者（岸信介）へのＣＩＡ資金提供を承認した。相手によっては米企業からの献金と思わせ、少なくとも一五年間、四代の大統領にわたって資金提供は続いた」

つまり、現代の貨幣価値で約一五〇億円ものＣＩＡ極秘資金がスパイ岸信介を通じて、自民党に注ぎこまれたのだ。

だから、自民党の正体は、アメリカのスパイ組織ＣＩＡの対日工作機関そのものなのだ。

自民党に投票してきた人は、これら驚愕事実を直視すべきだ。

なお、汚れきった売国奴である岸信介を、孫の安倍晋三は「心より尊敬する」という！

そして、やはり対日隷属路線を喜々として進めている。

まさに、この祖父にして、この孫あり……。

田布施から日本の恥部を握ったメイソン

●「まんじゅうをつくりに行く」

「……明治の重臣たちは、名を改めて、ついでに戸籍も改めて、新平民の〝新〟を消し去った。姓も名も年齢も偽った代表者は大室寅之祐であった。彼の戸籍は抹消された。真正の睦仁親王が明治天皇になった時、大室寅之祐は一六歳であった。『まんじゅうをつくりに行く』と言って田布施村を出た寅之祐は、そこで行方不明となった。山県狂介という足軽の下の伜が、山県有朋と名も戸籍も変更して、ついに侯爵という貴族の最高位となった。伊藤博文も俊輔から名を変え戸籍を変えて侯爵という最高位の爵位となった。しかし、彼らはだれ一人として、新平民の戸籍を、平民にしようとはしなかった。自らの出自が暴かれるのを恐れたからである」

これは鬼塚氏（前出）の解説である。

ここに、日本近代の暗部「田布施システム」のルーツがある。

さらにその背後で暗躍、策謀したのがアーネスト・サトウなど〝青い目〟の工作員だったのではないか。

「私は明治時代の政治家たちは、全員、明治天皇の素姓を知っていたと見る」と鬼塚氏は断言する。

●寅之祐南朝説もでっちあげ説も

さらに鬼塚氏は世情に伝わる「寅之祐は南朝の末裔」という伝説も、でっち上げと断罪する。

つまり、力士隊として徴収されるほどの下層身分であった。そのことを一つの証拠としてあげている。

真に南朝末裔の出自なら、そんな卑賤な最下層の扱いは受けないはず、という見立てである。

ここは、私と意見の分かれるところである。

歴史研究家、鹿島昇氏は大室家を一〇回以上訪ねて、南朝系譜を証明する多くの史料を確認したと記述している。なら、やはり大室家の南朝説は間違いないのではないか（ただし、これら史料が明治政府などにより、捏造されたものなら、南朝説は完全否定される）。

私は、一応、南朝末裔という説に立つ。

当時、大室家は、赤貧洗うがごとき状態で、守役の伊藤博文に従い、少年寅之祐が奇兵隊に参戦したとしても不思議ではない。

●日本の弱点を握ったメイソン

さて……この時点では――寅之祐を〝天皇〟に仕立てる――という驚天動地の陰謀計画は、まだ存在しなかったようだ。そして、少年寅之祐はフルベッキ写真で、まさにフルベッキの真ん前で写っている。なら、この少年に着目したのはフルベッキではなかったか……。

〝かれら〟は攘夷論の孝明天皇を亡き者にした後、同様に攘夷派であった睦仁親王の処遇に頭を痛めていた。ならば暗殺やむなし。すると、その後には傀儡《くぐつ》として使いやすい少年が必要となる。そこで、白羽の矢が当たったのが、南朝伝説の末裔……という筋立てだ。

長州藩としても、いつかは〝玉〟として、天下取りのために育ててきた大室家だ。まさにうってつけ。長年の悲願の時期到来というわけだ。

フルベッキ、英公使パークス、公官サトウ、商人グラバーも、裏ではメイソンリーとして深く通じていただろう。当然、〝すりかえ事件〟を知悉《ちしつ》していないわけがない。

すると、天皇すりかえという近代日本、最大スキャンダルも外国勢力（メイソン）と明治新政府の〝合作〟だった……と断じる他ない。

こうして欧米列強は、近代日本の最大醜聞《しゅうぶん》……つまり最大弱点を握ったのだ。

支配の要諦《ようてい》は、相手の弱点を握り、恫喝し、従属させることである。

日本を支配する――このフリーメイソンの手法は、現代にいたるまで連綿として引き継がれている。

はるか幕末の大室寅之祐から、現代の安倍晋三にまでいたる支配の系譜……それこそが、「田布施システム」の暗部なのだ。

あとがき

――今や、地球は丸ごと〝やつら〟のもの……

世界を裏から支配してきた〝闇の力〟

――うらを見せ　おもてを見せて　散るもみじ――


これは、良寛和尚（一七五八～一八三一年）の辞世の句である。

人の一生には、裏もあれば、表もある。それが、人の世の理（ことわり）である。

それは、善悪にも通じる。それも見方で、裏にもなり、表にもなる。

味方にとって正義でも、敵方にとっては悪義だ。

英雄も、彼我が変われば、悪雄とされてしまう。

本書でとりあげた伊藤博文、岩倉具視、明治天皇（大室寅之祐）……グラバー、サトウ、フルベッキらにも同じことがいえるだろう。

彼らは、良くも悪くも与えられた密命に忠実にしたがった。

彼らは、おのおの課せられた〝正義〟を、為したのである。

しかし、それらは、支配され、騙された夥《おびただ》しい日本国民の立場からすれば、恐るべき不義、悪行でしかない。

もみじの〝表〟は、無辜《むこ》なる大衆から見れば〝裏〟なのだ……。

「『陰謀論』には根拠あり」（五木寛之）

●九九％の富をハイジャック！

地球は一％にハイジャックされた……。

こう言っても、あなたはキョトンとしてしまうかもしれない。

なら、まさに、あなたは〝洗脳〟された地球大衆九九％の一人なのだ。

まさか……と苦笑いしているばあいではない。すでに、地球上の富裕層一％が所有する富は、残り九九％の資産合計をしのいでいる。

まさに、一％が残り九九％の富をハイジャックしているのだ。そして、その格差は、今も猛烈な勢いで拡大している。富める略奪者たちは、益々富み、盗まれる九九％は、益々貧しくなっていく。

この略奪者たちを支配してきた〝闇の勢力〟が存在する。

本書の〝真の主人公〟――秘密結社フリーメイソンである。

さらに、その中枢を支配する秘密組織がイルミナティである。

ここまで書くと、「ああ陰謀論ね……」とか「都市伝説でしょう」と冷笑を浮かべる輩《やから》が必ず出てくる。

本書の副題――「明治維新」は「フリーメイソン革命」だった――を書店で、チラッと見ただけで、肩をすくめてスルーする人もいるかもしれない。

そういう人々には、以下、かの作家、五木寛之氏の言説を贈りたい。


「……陰謀論と言うのは、もっぱら批判の言葉として使われるばあいが多いようだ。

『あれは陰謀論だ』

というときの感覚には、安っぽい、学問的ではない、為にする情報操作である、などという蔑視の姿勢があるといっていい。

『あの男は陰謀論者だ』

『あの説は陰謀論だ』

と、レッテルをはってしまえば、ほとんど反論したり、批判したりする必要さえない雰囲気がある」（『日刊ゲンダイ』二〇一七年四月一一日）

●「『陰謀論』とは差別用語である」

五木氏は、連載コラム『流されゆく日々』で、陰謀論を真正面から鋭く論じている。

「……また、『陰謀論者』という刻印を押される論客も少なくない。論じていることが客観的な事実であっても、『陰謀論者』の仕事は、常に色眼鏡で見られることが多い。そもそもオーソドックスな学者、批評家からは相手にされないのだ。

『それは、陰謀論だ』

というレッテルは、ジャーナリズムの上でも、すこぶる強力な否定語である。ルール違反だから、同じフィールドにあげることはできない、という発想である」（同）

マスコミで著名作家として地位を築いている五木氏は、ここで不当な偏見で攻撃される表現者を、まっこうから擁護している。彼は、一刀両断に、こう断言するのだ。

「ざっくばらんに言ってしまえば、『陰謀論』というのは差別用語である」

さらに、こう続ける。

「人は自己中心的であり、愚かしい動物である。近代人がどれほど残酷でありうるかは、アウシュビッツを引き合いに出すまでもない。二〇世紀にくり返された人間破壊、民族破壊をいちいち挙げていけば、百指をもってしても、足りないだろう。『陰謀論』には根拠がある、と

いっていい」(同)

冷笑癖のあなた、この作家の一徹な言辞をなんと聞く?

●報道される事は事実とちがう

五木氏のペンは、さらに鋭さを増す。

「アメリカは戦争で成り立っている国である。それも自国内ではなく、外国を舞台に行われる戦争でなくてはならない。そこで陰謀の出番である」

「戦争には陰謀がつきものだ。欺し打ちで勝つのが一番効率がいいのである」

「明治時代は、国際的な陰謀が横行した時代だった」

「さらに、二〇世紀の戦争となると、これはもうインテリジェンス(情報戦)の攻防である。ドンパチだけが戦争ではない。外交も、経済も、文化も、すべて総力戦の一環である」

「テロは陰謀そのものであり、対テロ戦略は、さらにそれに輪をかけた陰謀作戦である」

……そして、作家は、目前の真実情報を〝陰謀論〟とヤユして耳を塞ぐ連中を、バッサリ斬って捨てるのだ。

「表通りの戦争論、カマトトぶった現代史は、そろそろ願い下げにしてもらいたいものだ」

作家は、そこで立ち止まり、こうつぶやく。

「……ひょっとしたら私たちは何か大きく騙されているのではないか。体制も、反体制も、ひっくるめて報道されている事は事実とちがうのではないか。そう思う人が少しずつ増えて来ているような気がしてならない」

「明治維新」の裏で暗躍したフリーメイソン

●謀（はかりごと）表があれば裏がある…

本書のタイトルは、『維新の悪人たち』である。

「明治維新」は、日本の近代革命である。

われわれは、学校で日本史を学んだ。そこで、この近代革命は熱血草莽《ねっけつそうほん》の志士たちによって、達成された……と教えられた。

そこには、坂本龍馬をはじめ、吉田松陰、伊藤博文、高杉晋作、西郷隆盛……などなど、幕末維新の英傑たちの縦横無尽の活躍ぶりに感動し、その情熱に酔った。

しかし、それらは、「明治維新」の表の姿に過ぎなかったのだ。

表があれば、裏がある……。これは、万象に通じる真理である。

しかし、維新の英勲たちの勇姿に酔う日本人の眼には、いっさい映らなかった裏の〝闇〟が存在したのだ。

それこそが、欧米列強の悪意であり、その中枢を占めていた国際秘密結社フリーメイソンの暗躍だったのだ。

「陰謀論」の語源は、英語「コンスピラシー・セオリー」である。

それは、もともと、権力者による「共同謀議による策略」を指す用語だ。

●幕府も志士も巧みに操られた

「謀（はかりごと）は、密なるを以て由《よし》と為す」

とりわけ、革命、戦争には〝コンスピラシー〟（謀議）があって、あたりまえだ。

秘密結社フリーメイソンは、中世から近代、現代にかけて、世界の歴史を裏で操ってきた。

〝かれら〟は、巧妙に革命、戦争を仕掛け、闇から国家すら簒奪《さんだつ》、支配してきた。

そうして、フランス、イギリス、ロシア、イタリア、ドイツ……さらには、新興国アメリカが、〝かれら〟の掌中に墜ちていった。

〝かれら〟は、近代主義（モダニズム）を偽装した帝国主義（インペリアリズム）で、アフリカ、中東、インド、中国、アジア、南米などを、無慈悲に侵略し、植民地支配してきた。

これら列強国家の中枢に巣食っていたのが秘密結社フリーメイソンだったのだ。

世界の後進国を、破竹の勢いで貪食《どんしょく》してきた〝かれら〟にとって……極東の小さな島国をたぶらかし、呑み込むことなど、造作もないことだったのだ。

こうして、徳川幕府も、勤王志士も、巧みに煽られ、操られて、〝かれら〟の掌《てのひら》の上で、血で血を洗う抗争を繰り返してきたに過ぎない。

文明開花、殖産興業、富国強兵、脱亜入欧……「明治維新」という〝革命〟は、一見、日本人には燦然《さんぜん》と光り輝いて見えた。

しかし、その背後には、日本を吸血虫のごとく吸い尽くすどす黒い悪意が横たわっていたのである。

かつて穏やかな「和」を貴《とうと》んだ日本民族は、残虐な強盗民族に成り果てたのだ。

そして、その寄生・吸血の仕組みは、現代も変わっていない。

一見、日本人の顔をした諜報員（エージェント）たちは、にこやかな顔で、またもや謀略の道へ、手をさし示している。

●戦争は今も〝やつら〟が起こす

こうして、戦争は今も〝やつら〟が起こしている。

9・11同時多発テロの正体は米、軍産複合体のヤラセ、つまり自作自演である。

それは、アルバート・パイク以来、メイソンお得意の〝偽旗《にせはた》〟作戦の一環だ。

敵を偽装して、味方を攻撃し、国民の敵意を煽《あお》る。純朴単純《じゅんぼくたんじゅん》で無知蒙昧《むちもうまい》な大衆は激昂《げきこう》し、拳を振り上げ〝敵〟を罵《ののし》る。愛国心は扇動により、いやましに盛り上がり過熱する。

いつの時代も大衆の恐怖と敵意は、戦争の惨禍を大いに育む肥沃な土壌である。

現在のテロとの戦いも、その土壌から醸成されたものだ。むろん、アルカイダもタリバンもＩＳ（イスラム国）も育成したのはフリーメイソンの巧妙、狡猾な策謀である（参照、拙著『ドローン・ウォーズ』イーストプレス）。

昨今、マスコミが連日煽る北朝鮮ミサイル危機もまた、パイク以来、連なるメイソンの自作自演劇の派手なショーの一コマにすぎないのである。

●戦争は〝かれら〟が起こす

〝かれら〟にとって戦争には二つの目的がある。

「巨利収奪」と、それに続く究極の「人口削減」である。

第二次大戦では莫大利益とともに、約一億人の「削減」に〝成功〟している。

フリーメイソンが一九八〇年、アメリカ、ジョージア州、丘の上に建立した石碑（ジョージア・ガイドストーン）には八か国の言語で、〝かれら〟が目指す未来「理想社会」が宣言されている。そこで「地球の最適人口は五億人」と銘記されているのだ。

その前段階として約七〇億人の人口を一〇億人に削減する……「削減目標」を、一九九二年、国連行動計画（アジェンダ21）等で、表明している。

ユダヤ教は、異教徒を「ゴイム（獣）」と呼ぶ。

〝かれら〟の目には、人類は間引きすべき増え過ぎた家畜にしか見えていないのだ。

――最後に、歴史研究の先達諸氏には、この場を借りて深く敬意を表したい。

古代史では石渡信一郎、山形明郷……幕末史は太田龍、奇埈成、鬼塚英昭、加治将一、原田伊織、落合莞爾、中野康雄、鹿島昇（敬称略）……各氏、各々の考察論証は実に勉強になった。

中には故人となられた方もいる。彼らに共通するのは前向き、真っ直ぐな「勇気」である。

各々の推論、考察は末梢瑣末《まっしょうさまつ》においては、微妙な見解の相違は当然である。

しかし、いかなるタブー（禁忌）をも恐れぬ、その著述家としての「矜持《きょうじ》」には深く頭が下がる。

読者の方々も、眼前の広大無辺な知の荒野に、

勇気とともにゆったりと旅立っていただきたい。

秋深まりゆく名栗渓谷、スズムシの鳴を聞きながら……。

船瀬俊介

主な参考文献

『一外交官の見た明治維新』(上・下)(アーネスト・サトウ著、坂田精一訳、岩波書店)
『日本旅行日記』〈1〉・〈2〉(アーネスト・サトウ著、庄田元男訳、平凡社)
『「秘密結社」の謎』(並木伸一郎著、三笠書房)
『フリーメーソン・イルミナティの洗脳魔術体系』(テックス・マーズ著、宮城ジョージ訳、ヒカルランド)
『ヒュースケン日本日記』(ヘンリー・ヒュースケン著、青木枝朗訳、岩波書店)
『明治維新の極秘計画』(落合莞爾著、成甲書房)
『日本史のタブーに挑んだ男』(松重楊江著、たま出版)
『ハリス』(坂田精一著、吉川弘文館)
『日本滞在記』(上・下)(タウンゼント・ハリス著、坂田精一訳、岩波書店)
『日本の本当の黒幕』(上・下)(鬼塚英昭著、成甲書房)
『幕末　維新の暗号』(上・下)(加治将一著、祥伝社)
『龍馬の黒幕』(加治将一著、祥伝社)
『ロックフェラー回顧録』(上・下)(デイビッド・ロックフェラー著、楡井浩一訳、新潮社)
『天皇は朝鮮から来た!?』(奇埈成著、ヒカルランド)

『明治維新の生贄――誰が孝明天皇を殺したか』（鹿島昇著、新国民社）
『明治維新という過ち』（原田伊織著、毎日ワンズ）
『幕末・維新なるほど事典』（小西四郎著、実業之日本社）
『西周』（清水多吉著、ミネルヴァ書房）
『フリーメイスンの謎と正体』（秘密結社の謎研究会著、宝島社）
『死のマイクロチップ』（船瀬俊介著、イースト・プレス）
『国際ウラ天皇と数理系シャーマン』（落合莞爾著、成甲書房）
『嘘だらけ現代世界』（船瀬俊介、ベンジャミン・フルフォード、宮城ジョージ著、ヒカルランド）
『トランプドルの衝撃』（ベンジャミン・フルフォード著、成甲書房）
『松陰吉田寅次郎伝』（村岡繁編著、松陰遺墨展示館）
『伊藤博文人生双六』（村岡繁編著、松陰遺墨展示館）
『闇の世界権力をくつがえす日本人の力』（中丸薫著、徳間書店）
『安重根と伊藤博文』（中野康雄著、恒文社）
『死んでも倒れなかった』（宮崎鉄雄著、自費出版）
『ある英人医師の幕末維新』（ヒュー・コータッツイ著、中須賀哲朗訳、中央公論社）
『坂本龍馬１０１の謎』（菊池明他著、新人物往来社）
『隠されたペリーの「白旗」』（三輪公忠著、上智大学）

『応神陵の被葬者はだれか』（石渡信一郎著、三一書房）
『有名人「死の真相」99』（双葉社）
『日本史大ウソ事典』（日本博識研究所編著、宝島社）
『卑弥呼の正体』（山形明郷著、三五館）
『天皇家とユダヤ人』（篠原央憲著、光風社書店）
『国際秘密力の研究』（上・下）（国際政済学会編著、ともはつよし社）
『ワンワールドと明治日本』（落合莞爾著、成甲書房）
『日本教の聖者・西郷隆盛と天皇制社会主義』（落合莞爾著、成甲書房）
『奇兵隊天皇と長州卒族の明治維新』（落合莞爾著、成甲書房）
『南北朝こそ日本の機密』（落合莞爾著、成甲書房）
『略奪者のロジック』（響堂雪乃著、三五館）
『世界の諜報機関ＦＩＬＥ』（浮島さとし他著、学研パブリッシング）
『マインドコントロール２』（池田整治著、ビジネス社）
『日米不平等の源流』（琉球新報社編著、高文研）
『闇の支配権力スカル＆ボーンズ』（クリス・ミレガン他著、北田浩一訳、徳間書店）
『フリーメーソンの秘密』（赤間剛著、三一書房）
『パリ八百長テロと米国１％の対日謀略』（リチャード・コシミズ著、成甲書房）

『日本も世界もマスコミはウソが9割』（ベンジャミン・フルフォード、リチャード・コシミズ著、成甲書房）
『カナンの呪い』（ユースタス・マリンズ著、天童竺丸訳　成甲書房）
『真のユダヤ史』（ユースタス・マリンズ著、天童竺丸訳、成甲書房）
『ハイジャックされた地球を99％の人が知らない』（上・下）（デーヴィッド・アイク著、本多繁邦訳、ヒカルランド）
『99％の人が知らないこの世の秘密』（内海聡著、イースト・プレス）
『図解「闇の支配者」頂上決戦』（ベンジャミン・フルフォード著、扶桑社）
『原爆と秘密結社』（デイビッド・J・ディオニシ著、平和教育協会訳、成甲書房）
『続・世界の闇を語る』（リチャード・コシミズ著、自費出版）
『伊藤博文はなぜ殺されたか』（鹿嶋海馬著　三一新書）
『ムーン・マトリックス〈ゲームプラン篇（1）〉』（デーヴィッド・アイク著、為清勝彦訳、ヒカルランド）
『暴露――スノーデンが私に託したファイル』（グレン・グリーンウォルド著、田口俊樹他訳、新潮社）
『司馬遼太郎考』（小林竜雄著、中央公論新社）
『天皇家99の謎』（歴史の謎研究会編、彩図社）
『世界と日本の怪人物ＦＩＬＥ』（歴史雑学探求倶楽部編、学研パブリッシング）

船瀬俊介（ふなせ・しゅんすけ）
1950年、福岡県生まれ。九大理学部を経て、早大文学部、社会学科卒業。日本消費者連盟スタッフとして活動の後、1985年、独立。以来、消費・環境問題を中心に執筆、評論、講演活動を行う。主なテーマは「医・食・住」から文明批評にまで及ぶ。近代の虚妄の根源すなわち近代主義（モダニズム）の正体は、帝国主義（インペリアリズム）であったと指摘。近代における医学・栄養学・農学・物理学・化学・建築学さらには哲学・歴史学・経済学まで、あらゆる学問が“狂育”として帝国主義に奉仕し、人類支配の“道具”として使われてきたと告発。近代以降の約200年を「闇の勢力」が支配し石炭・石油・ウランなどで栄えた「火の文明」と定義し、人類の生き残りと共生のために新たな「緑の文明」の創造を訴え続けている。有為の同志を募り月一度、「船瀬塾」主宰。未来創世の端緒として、「新医学宣言」を提唱、多くの人々の参加を呼びかけている。
主な著作に『未来を救う「波動医学」』、『買うな！使うな！身近に潜むアブナイものPART 1』、『同PART 2』、『医療大崩壊』（共栄書房）、『抗ガン剤で殺される』、『笑いの免疫学』、『抗ガン剤の悪夢』、『病院に行かずに「治す」ガン療法』、『アメリカ食は早死にする』、『ショック！やっぱりあぶない電磁波』、『原発マフィア』、『和食の底力』、『STAP細胞の正体』（花伝社）、『クスリは飲んではいけない⁉』、『ガン検診は受けてはいけない⁉』、『放射能汚染だまされてはいけない⁉』（徳間書店）、『「五大検診」は病人狩りビジネス』（ヒカルランド）、『病院で殺される』、『3日食べなきゃ7割治る』、『やってみました！1日1食』（三五館）、『できる男は超少食』（主婦の友社）、『新医学宣言——いのちのガイドブック』（キラジェンヌ）、『THE GREEN TECHNOLOGY』（彩流社）、『ワクチンの罠』、『ドローン・ウォーズ』（イースト・プレス）などベストセラー多数。

維新の悪人たち——「明治維新」は「フリーメイソン革命」だ！

2017年10月25日　初版第1刷発行
2023年12月25日　初版第6刷発行

著者 ——— 船瀬俊介
発行者 —— 平田　勝
発行 ——— 共栄書房
〒101-0065　東京都千代田区西神田2-5-11出版輸送ビル2F
電話　03-3234-6948
FAX　03-3239-8272
E-mail　master@kyoeishobo.net
URL　https://www.kyoeishobo.net
振替 ——— 00130-4-118277
装幀 ——— 黒瀬章夫（ナカグログラフ）
印刷・製本— 中央精版印刷株式会社

ISBN978-4-7634-1079-5 C0036